RECHERCHES

SUR LES COSTUMES

ET

SUR LES THÉATRES

DE

TOUTES LES NATIONS,

TANT ANCIENNES QUE MODERNES.

OBSERVATIONS

DE L'ÉDITEUR.

En 1791, je fus obligé de suspendre la continuation de cet Ouvrage, par le fait des circonstances d'alors. Dans d'autres temps je n'aurois pas craint de risquer davantage pour donner une plus grande étendue à une production reconnue comme très-utile, dont je m'étois chargé par goût, et qui pouvoit procurer d'immenses ressources aux Artistes de tous les genres; mais, il faut le dire, quoiqu'avec chagrin, depuis le commencement de notre révolution, les Arts ont langui, les encouragemens sont devenus excessivement rares. Je m'étois bien promis de le continuer dans des temps plus heureux; et depuis que nous sommes passés sous un Gouvernement protecteur de toutes les institutions que constituent l'ordre social, j'en aurois repris la continuation, sans la perte de l'Auteur, qui fut massacré à l'Abbaye Saint-Germain, le 2 Septembre 1792 : perte d'autant plus grande pour les Sciences et les Arts, que lui seul étoit capable de terminer cet Ouvrage. Le mérite des deux premiers volumes ets suffisamment démontré par la vente rapide qui s'en est faite, et que j'ai été obligé de rééditer, d'après les demandes multipliées qui m'en ont été faites. Cette seconde édition est entièrement semblable à la première; même papier, même typographie, et nulle différence dans les Estampes pour l'exécution; c'est à quoi je me suis attaché : on peut juger si j'y ai réussi.

Auteur des Recherches sur les Costumes et sur les Théâtres. &c.
Il fut massacré à l'Abbaye St Germain, le 2 Septembre, 1792.

P. Chéry, inv. et del.   P. M. Alix Sculp.

FRONTISPICE

RECHERCHES

SUR LES COSTUMES

ET

SUR LES THÉATRES

DE

TOUTES LES NATIONS,

TANT ANCIENNES QUE MODERNES;

Ouvrage utile aux Peintres , Statuaires , Architectes , Décorateurs, Comédiens, Costumiers, en un mot aux Artistes de tous les genres ; non moins utile pour l'étude de l'Histoire des temps reculés, des Mœurs des Peuples antiques, de leurs Usages , de leurs Loix , et nécessaire à l'Education des Adolescens.

Avec 56 Estampes, dont 45 en couleur et au lavis, y compris le Portrait de l'Auteur, dessinées par M. Chéry, *et gravées par* P. M. Alix.

DEUXIÈME ÉDITION.

Indocti discant et ament meminisse periti.

TOME PREMIER.

A PARIS,

Chez M. F. Drouhin , Éditeur et Imprimeur rue Hautefeuille , n°. 5.

=========

An xi. — 1802.

*C*LIO , *Muse de l'Histoire , assise sur un nuage , préside*
aux Recherches sur les Costumes et sur les Théâtres de toutes
les nations de l'Univers. *Minerve , comme protectrice des*
Arts , couvre Clio de son Egide ; et de l'autre main , lève
le voile épais dont le temps étoit couvert.

La connoissance des Costumes propres à toutes les Nations, relativement aux temps où elles ont commencé à se rassembler en corps de société, à celui où elles ont pris de la consistance et des usages, à celui enfin où les arts mis en activité ont porté chez elles les avantages de la sociabilité et les superfluités du luxe, est encore presque étrangère aujourd'hui, nous ne disons pas seulement aux Comédiens, mais à un grand nombre de Peintres des meilleures Ecoles. Quelques Artistes dignes, à tous les égards, de la réputation dont ils jouissent, tels que Raphaël, Poussin, le Sueur, le Brun, et de nos jours M. David, auquel nous pourrions joindre d'autres Peintres d'un mérite très-distingué, ont étudié les anciennes Coutumes. Ils ont appris à donner aux Personnages qu'ils mettoient en action, les habitudes locales qui pouvoient déterminer, très-positivement, le Pays, la Province, le lieu, le tems, les circonstances où ils les représentoient : mais cette étude approfondie, et si nécessaire, ne se rencontre pas également parfaite chez chacun d'eux. Raphaël, lui-même, s'est quelquefois laissé entraîner par des idées particulières, et, soit négligence, soit desir de plaire à un certain ordre d'Amateurs, il a donné à des Caractères antiques la physionomie des habitans de la Région où il vivoit. La sublimité de son talent qui savoit communiquer à tout une manière hardie, large, et faite pour captiver les suffrages de ses Juges, a dissimulé si singulièrement ses erreurs, qu'il faut avoir acquis une intelligence particulière des anciens monumens, les avoir bien vérifiés et comparés, pour ne pas se laisser séduire par le ton fier et, au premier aspect, antique qu'il a communiqué à ses figures et au style de leurs draperies. Si l'on se donne la peine de rapprocher quelques-unes des compositions dans lesquelles il a mis tout le soin de l'étude , des recherches , et l'exacte observance des Costumes , de quelques autres où il semble avoir tout négligé , on sera presque forcé de se convaincre qu'il a , pour ainsi dire , cherché à commettre des erreurs pour le plaisir de vaincre des difficultés , et de montrer tant l'originalité des conceptions de son génie , que la souplesse de ses facultés expéditives. Raphaël étoit néanmoins très-versé dans la connoissance des usages , des habitudes et des vêtemens antiques ; et les raisons qui l'en ont écarté de tems en tems , ne peuvent tenir qu'à ces caprices d'une imagination exaltée , sublime , qui préfèrent , par un orgueil dont le talent est trop souvent susceptible , les illusions de la vraisemblance à l'exactitude quelquefois assez sèche , mais toujours respectable de la vérité. Voilà pourquoi , avec tout ce qu'il faut pour être un modèle en matière de Costumes , Raphaël peut devenir un guide dangereux pour les jeunes Elèves ; pourquoi, il peut opérer , plus qu'aucun autre , la propagation de Costumes qui n'en sont pas moins faux , pour paroître vraisemblables sous le pinceau de l'Artiste , et pour être ajustés avec autant de facilite que d'élégance. Ce que nous disons d'un homme qui a singulièrement honoré l'Art de la Peinture doit faire pressentir , doit convaincre qu'en matière de Costumes , nous ne ferons grâce à personne , et que nous mettrons dans nos Recherches toute la sévérité , dont cette partie a besoin pour devenir plus généralement connue , suivie , exigée et relevée par-tout où le voudra l'amour de l'Art. Sculpture , Architecture , Habits , Accessoires de tous les temps , de tous les lieux , rien , suivant la connoissance que nous en aurons acquise , n'échappera à notre critique ; car c'est de l'accord de tout que dépend l'illusion de tout. Sortons de cette proposition , et passons à une autre qui mérite bien une mention très-particulière.

Si l'observance des Costumes est nécessaire aux Peintres d'His-

(3)

toire , elle ne l'est pas moins à l'Auteur Tragique. Pour bien
représenter les Héros de l'antiquité , il faut en même temps et
se bien pénétrer de l'esprit de leur caractère , et les couvrir des
vêtemens qui leur étoient propres , soit au Civil , soit au Militaire , tant par rapport aux pays où ils vivoient , que relativement à l'adoption qu'ils avoient personnellement faite de
quelques accessoires de Costume. Le Théâtre est un Tableau qui
ne peut produire d'illusion que par l'heureux accord de toutes ses
parties. Or , cet accord peut-il exister lorsque dans une Tragédie
dont les premiers vers transportent le Spectateur à Rome ou à
Corinthe , on voit paroître des Grecs ou des Romains couverts
d'une robe de brocard , la tête chargée d'un turban galonné,
et des Romaines affublées de toutes les petites prétentions de la
coquetterie des boudoirs ? Ce qui pourroit être un spectacle
d'hommes instruits devient alors un délassement d'hommes
oisifs , ignorans , en un mot , une optique de grands enfans.

On a observé , plus d'une fois , que ces gaucheries insuppor-
tables qui , au Théâtre , blessent l'œil et le goût , étoient entre-
tenues par quelques mauvais esprits qui , répandus dans le public,
en général , assez peu éclairé sur les notions de l'antiquité ,
cherchent à y faire passer pour ridicule tout ce qui est hors de
leur obscure intelligence. Cette observation peut être très-juste :
ce qui ne l'est pas moins , c'est qu'avec le courage de s'assüjettir
aux Costumes vrais et de les conserver , en dépit de l'ignorance
et de la bêtise , les Comédiens accoutumeroient insensiblement
le Public à toutes les formes , à toutes les coupes , à toutes les
divisions de Costumes , et que le Théâtre , absolument redressé
en cette partie , en acquerroit un nouveau degré d'intérêt.

L'Histoire existe ; qu'on l'ouvre : on y remarquera la différence
ou les rapports qui ont existé entre les Habillemens des différens
Peuples qui ont habité la terre , entre leurs armes, leurs cérémo-

a ij

niés , leurs usages , et les marques distinctives de leurs dignités ; on connoîtra ce qui convient à chaque Nation , et par conséquent à chaque personnage d'un Drame tragique. Mais cette étude est longue , laborieuse et difficile , et peu de gens sont capables de s'y soumettre. Elle deviendroit bien plus commode , par conséquent bien plus à la portée de tout le monde , s'il existoit un Ouvrage où toutes les Recherches relatives aux usages des Nations fussent analysées et rapprochées. C'est à cette idée qu'on devra la Collection que nous nous proposons de donner au Public. Les principes en seront puisés dans des monumens épars , et qu'on a trop négligés jusqu'ici. Ces monumens nous serviront de bases et de preuves pour tout ce que nous avancerons. Nous nous appuierons encore sur des passages tirés des anciens Auteurs , de ces Ecrivains laborieux qui ont étudié l'Histoire des temps reculés , et nous comparerons les uns avec les autres pour en tirer des lumières qui puissent ne laisser rien à desirer. Ce moyen fera disparoître les nuages que les Savans ont laissé subsister sur presque tout ce qui regarde le Costume. En général , les Savans n'ont guère écrit jusqu'ici , que pour ceux qui étoient presque aussi éclairés qu'eux , pour ceux qui étoient familiers avec leur idiome particulier ; et cette habitude , au fonds inintelligente , a été la source , non-seulement d'une accumulation d'erreurs , mais encore d'un dégoût qu'ils ont rendu invincible pour beaucoup d'esprits , et qui a éloigné de la lecture de leurs ouvrages. Le genre , chez eux , se confond souvent avec l'espèce ; de-là une fausse marche dans les Recherches , de fausses inductions et un résultat qui ne l'est pas moins. Il nous faudra revenir sur tout ce que les Commentaires ont de vague , les assertions d'incertain , l'usage de vogue ; ce qui équivaut à une autorité ; mais rien ne nous effrayera , et nous suivrons notre projet , sans regretter ni les Etudes , ni les Critiques. Utilité réelle ; voilà notre devise.

Comme nos principales autorités seront établies sur les monumens, nous dirons ici, et d'avance (car nous aurons occasion
d'y revenir souvent) quelque chose de l'opinion de M. le Comte
de Caylus sur cette véritable source des connoissances que l'on
peut acquérir sur l'antiquité. Cet habile, mais quelquefois systé-
matique Antiquaire prétend que les Anciens n'ont pas toujours
été très-fidèles au Costume, et que leurs figures composées ne
répètent pas toujours les habitudes ordinaires de leur existence
privée, et même publique. Nous conviendrons très-volontiers
que les Grecs, dans la représentation de leurs évènemens principaux, comme dans celle de leurs Personnages héroïques,
ont simplifié les vêtemens de leurs Figures ; mais nous observerons que cette simplicité leur communique une souplesse
facile, noble, fière, et nous insisterons sur ce qu'elle ne s'est
jamais écartée de l'habit propre aux siècles et aux circonstances.
Quand une convention d'art se rapporte à celle que l'habitude
a consacrée, elle ne peut être blâmable ; il faut au contraire
l'adopter, sous peine de manquer et de goût, et de cet instinct
si rare qui mène au beau idéal. Les Dieux et les Héros de la
Grèce sont souvent nuds, ou couverts simplement de la *Chlamyde* et du *Pallium*, manteaux dont l'usage étoit commode, qui
pouvoient tout couvrir ou tout laisser voir, et dont se sont
emparés les Romains, peuple décidément plagiaire, despote,
sous le nom même de Républicain, et qui a dû tant à ses voisins
qu'aux Provinces prochaines ou éloignées qu'il a conquises par
les suites d'un renom plus imposant que formidable, tout ce qu'il
a eu d'Arts, de Loix, de Coutumes, d'importance et peut-être de
gloire. Ces personnages y perdent-ils ? Non, sans doute ; ils y
gagnent même ; et les formes, si précieuses dans les effets de la
nature embellie, n'y paroissent que plus admirables aux yeux
des connoisseurs. Qu'un ignorant eût fait une observation sem-

blable , on leveroit les épaules ; mais le Comte de Caylus ! il faut se taire par respect et par reconnoissance.

Le même Antiquaire croit encore que les figures des bas-reliefs , où le style des draperies se fait particulièrement remarquer , ont été ajustées sur l'imagination ou suivant le caprice des Artistes. Il est impossible , avec un peu d'examen et de connoissance de l'Antique , de penser comme lui. Le choix des attitudes et des mouvemens , la perfection des caractères , le bel ordre des plis , l'ensemble de la composition , tout y annonce la nature perfectionnée sous tous ses aspects ; mais rien n'y altère le Costume ; et l'uniformité que l'on reproche si indiscrétement à ces monumens précieux , prouve au contraire un enchaînement sévère de principes qui dépose contre l'autorité de M. de Caylus , qui , d'ailleurs , est souvent authentique et respectable. Sans doute , les Artistes ne nous ont point transmis , dans leurs Peintures , Sculptures , ou bas-reliefs , tous les accessoires des vêtemens ; mais il existe des sources où nous en pouvons prendre connoissance ; et c'est aux Peintres , comme aux Comédiens , ou à nous pour eux d'après notre résolution , à les rechercher soigneusement et à en consacrer l'existence. C'est ce que nous ferons autant qu'il nous sera possible ; car il est des obscurités et des lacunes où nous ne pourrons rien , malgré tous nos efforts.

Il faut prévenir nos Lecteurs qu'ils doivent s'attendre à tout en lisant cet Ouvrage. Il ne s'y agira point de plaire ou à l'ignorance de nos Faiseurs d'Epigrammes , ou à la fougue des Exaltés qui se croient un caractère et des lumières , parce qu'ils s'enrouent en criant *Liberté*, ou bien encore à la stupidité sybarytique des Boudoirs. Nos Recherches prendront l'existence des mœurs du monde connu , depuis leur innocence et leur rudesse jusqu'à leur corruption , et nous ferons connoître des usages qui paroîtront également bizarres tant aux Plébéiens qui déclament très-despotiquement, contre l'Aristocratie, qu'aux Aristocrates qui opposent au système de la Liberté non pas la fierté de leur caractère, mais la ridicule insolence de leur petite vanité. Au reste, nous nous mettrons à la portée de tout le monde, et il n'y aura que le malin vouloir qui ne puisse pas nous entendre.

Cet Ouvrage, dont les Gravures seront très-soignées, très-supérieures à celles des Costumes et Annales des grands Théâtres de Paris, paroîtra tous les mois par une Livraison de quatre feuilles in-4°. beau caractère, et d'une Typographie très-exacte. Cette distribution est nécessitée par les envois, en ce qu'un Volume un peu considérable ne sauroit, à la poste, éprouver les mêmes inconvéniens qu'une feuille flexible et susceptible d'être maculée par la plus petite froissure. Les Livraisons seront donc, par an, de 48 feuilles in-4°. avec autant de Gravures coloriées, et le prix en sera de 48 livres. Autant que le permettront les Figures qui seront attachées au Texte, on donnera des Recherches historiques sur tous les Théâtres du monde, relativement aux Pièces qui y auront été représentées, aux Auteurs qui en auront établi la gloire, et aux Comédiens qui y auront acquis une réputation brillante ou méritée. A la fin de chaque année, on joindra à la Table des matières les Annales abrégées, mais suffisantes, des Théâtres de Paris, sans exception, et de tout ce qui s'y sera présenté de remarquable, à quelque titre que ce soit. Autant que l'on pourra se procurer des Notices piquantes sur les Théâtres étrangers, on en fera un Article particulier que l'on réunira aux Annales des Théâtres de Paris.

Il est facile de se convaincre que la Révolution, qui vient de s'opérer en France, n'a pas ôté aux François leur goût ardent pour les Spectacles. Ceci, d'ailleurs, n'est point la matière d'un reproche, sur-tout au moment où nous vivons ; car le Théâtre pouvant devenir, aujourd'hui plus que jamais, l'Ecole des peuples et la leçon des Rois, on ne pourra, du moins faut-il l'espérer, y trouver désormais que des leçons de fraternité, d'union, de courage, d'honneur et de patriotisme, ce qui ne doit pas en exclure la gaité décente. Elle tient au fond du caractère françois, et il faut bien se garder de l'en bannir.

Comme une entreprise de cette nature peut être utile à tous les Peintres et à tous les Comédiens de toutes les Nations ; toute personne qui aura su donner quatre découvertes nouvelles sur des Costumes ou des usages, soit inconnus, soit oubliés, recevra publiquement un hommage de reconnoissance et un Exemplaire complet, jusqu'à la conclusion finale de l'Ouvrage.

On souscrit, à Paris, chez M. DROUHIN, Entrepreneur de cet Ouvrage, rue Saint-André-des-Arts, N°. 92, près la rue de l'Eperon.

RECHERCHES

Chéry inv. et del.   P. M. Alix Sculp.

HERMIONE.

RECHERCHES

SUR LES COSTUMES ET SUR LES THÉATRES

DE TOUTES LES NATIONS,

TANT ANCIENNES QUE MODERNES;

Avec des Estampes en couleur & au lavis, dessinées par M. CHÈRY, *& gravées par* P. M. ALIX.

Indocti discant et ament meminisse periti.

HERMIONE, dans Andromaque.

LORSQUE les hommes, d'abord dispersés sur la surface de la terre se réunirent en corps de société, ils durent tous adopter une manière, à-peu-près semblable de se vêtir. La dépouille (1) des animaux dut suffire alors pour cacher ce que la pudeur ordonne de couvrir ; et ces premiers vêtemens, si cette expression peut être ici admise, durent avoir plus ou moins de développemens en proportion de la température des climats où se partagèrent les premières sociétés humaines. Quelques - unes d'entre elles ne sont point sorties de leur première grossièreté ; elles sont insensiblement devenues nombreuses, elles ont formé des Nations, sans sortir de leur antique et brutale simplicité. D'autres, à mesure que les besoins et le goût des plaisirs ont

---

(1) On lit, dans la Genèse, Chap. 3, verset 21, que le Seigneur fit à Adam & à Eve des habits de peaux, dont il les couvrit. — Diodore de Sicile, Tome I, page 97, dit que les anciens Naturels de l'Egypte se couvroient de peaux de bêtes.

A

étendu l'intelligence humaine , se sont insensiblement élevées à ce degré de luxe qui naît ordinairement de la culture des Arts ; et parmi elles se sont principalement distingués les Egyptiens , les Assyriens , les Mèdes , les Perses , et quelques autres Peuples. De ce plus ou moins d'extension de l'induſtrie, on a vu naître les différens caractères qui ont particularisé , en les divisant , les vêtemens propres aux premiers peuples connus de ce monde sublunaire. Malheureusement , il ne nous reste presque rien de ces premiers temps , que quelques Descriptions historiques qui offrent des idées très-vagues ; encore ce secours est-il rare, et perdu pour un grand nombre d'époques sur lesquelles la nuit de l'antiquité a jetté un voile épais , qu'il seroit aussi impossible de lever que de déchirer. On ne peut donc se régler , pour les Costumes , et pour donner les formes expresses des anciens vêtemens, que vers le temps où les Nations ont eu une consistance fixe et brillante , parce que c'est alors que les Arts portés chez elles à la perfection dont ils étoient susceptibles, relativement à leur génie , ont donné, achevé, consacré des modèles qui nous ont été transmis , sur les monumens , par le ciseau des Statuaires. C'est donc avec ces monumens, sur ce qu'ils disent , et d'après la comparaison qu'on en peut faire , en les rapprochant les uns des autres , que nous établissons le systême de nos Recherches. Si la vérité antique existe, comme nous nous en sommes convaincus, ce systême seul peut nous la faire rencontrer.

Hermione étoit fille de Ménélas, Roi de Lacédémone, et de cette Hélène qui fut si fameuse par sa beauté. C'est le Costume Lacédémonien , aux temps héroïques , qu'il faut lui donner, pour que le personnage se présente entièrement sous le caractère qui lui convient. — Nous n'avons point trouvé , pour y prendre une idée juste de la Tunique Lacédémonienne, une figure plus antique que celle qui est tirée d'un bas-relief placé contre la façade de *la Villa-Borghese*. On sait, c'est-à-dire, les Artistes qui ont étudié les monumens savent, que la Tunique des filles Lacédémoniennes différoit de celle des femmes, en ce qu'elle étoit ouverte des deux côtés, depuis les bords inférieurs jusqu'à la hauteur des cuisses, ce qui les avoit fait nommer *Painomerides*. On peut consulter là-dessus *Plutarque*, Vie des Hommes illustres, Tome I, page 400. *Painomerides* veut dire, « qui découvre la cuisse ». C'est sur l'autorité de cette figure, et sur celle de Sophocle que nous avons ajusté et offert le Costume qu'il faut donner à Hermione dans l'Andromaque de Racine. Cette Princesse doit avoir, en effet, le Costume Laconien, puisqu'elle n'est point encore la femme de Pyrrhus. Ce qui d'ailleurs le prouve invinciblement, c'est que Sophocle, que nous venons de citer, lui fait reprocher que, dans un âge déja avancé, elle porte encore la Tunique ouverte sur les côtés. Ce trait est caractéristique ; et en s'y soumettant, comme il faut le faire pour ne point s'écarter de la vérité, toute Actrice qui en prendra la résolution sera sûre de produire un très-bon effet par une opposition tranchante avec le Costume d'Andromaque : or c'est par les oppositions que vivent les tableaux, principalement dans un cadre dramatique.

Comme notre but, en faisant connoître les habillemens antiques, est, en même temps, d'en conserver la forme, la noblesse ; et d'offrir les moyens de les rendre commodes au Théâtre où ils doivent laisser aux mouvemens, à la démarche, à la gesticulation des développemens faciles, nous allons donner la description de la Tunique dont nous venons de parler.

La Tunique se portoit immédiatement sur le corps. Ouvrez *Plaute*, Scène seconde, Acte cinquième du *Trinummus*. Elle étoit commune aux deux sexes, et succéda aux vêtemens faits de peaux de bêtes. Presque tous les anciens peuples en ont fait usage ; mais les uns la portoient sans manches, d'autres la portoient avec des manches : chez ceux-ci, elle étoit très-ample, chez ceux-là elle étoit plus étroite.

La Tunique étoit ordinairement composée de deux pièces, qui offroient à-peu-près la forme d'un quarré long. L'une couvroit la poitrine, l'autre descendoit sur le dos ; et toutes deux se réunissoient sur les épaules aux angles supérieurs, laissant ainsi au milieu une ouverture par laquelle on passoit la tête. Ces deux pièces se rapprochoient sous les aisselles, toujours en s'élargissant par le bas, avec une différence très-marquée pour les hommes et pour les femmes.

La Tunique s'assujettissoit par une ceinture, et ce moyen laissoit aux membres la liberté et la facilité des mouvemens. Dans le principe elle étoit de laine, et les hommes l'ont conservée long-temps de cette étoffe. Il paroît que, pour les femmes, le lin fut en usage, presque dès les premiers temps. Le lin et la laine étoient en effet les seules matières qu'on employât à la formation des vêtemens, si on en excepte quelques dépouilles d'animaux sauvages ou féroces que l'on portoit sur les épaules, et qui servoient comme de manteaux.

Les Tuniques étoient ordinairement cousues, depuis les bords inférieurs jusqu'à la hauteur des hanches. Quelques figures antiques y laissent même distinguer jusqu'aux coûtures. Le reste de la Tunique étoit ouvert, et laissoit le passage aux bras. Dans les Tuniques, particulièrement affectées aux filles Lacédémoniennes, les bords inférieurs n'étoient point cousus, ils flottoient au gré du vent ou selon la rapidité de la marche, et ils laissoient souvent les cuisses à découvert. Ces filles portoient ordinairement deux ceintures, et la dernière qui soutenoit la Tunique sur les hanches leur étoit particulière. Ceci mérite d'autant plus d'être remarqué que, sur un grand nombre de monumens, qui représentent des Citoyennes des autres Provinces, Etats ou Républiques de la Grèce, on rencontre cette seconde ceinture. Vinckelmann prétend que cette ceinture n'appartient qu'à Vénus ; cependant une foule de figures, qui ne peuvent avoir avec cette Déesse aucune connexité, la portent comme elles. On peut, entr'autres, citer celle d'une Pallas antique, deux statues de Diane, celle de Flore au palais Farnèse, qui même ne porte qu'elle. Il est probable que Vinckelmann, pour s'autoriser à faire cette assertion, se sera appuyée sur le premier Livre de l'Enéïde de Virgile, où Venus apparoît à son fils Enée sous les vêtemens d'une fille de Sparte, la robe retroussée et flottante au gré des zéphyrs qui, en la balançant, découvrent ainsi les genoux de la Déesse. *Virginis os habitumque gerens*, &c. V. 39. Telle est encore une Hébé sur un bas-relief antique, rapporté dans les *Monumenti antichi inediti*, Tome II, fol. 15. Au reste, l'accord de tous les monumens prouve que, sur cet objet, la bienséance exigeoit que les femmes portassent au moins une ceinture. Les Bacchantes seules ne s'en servoient point. Les femmes passoient généralement par-dessus la Tunique un autre habit ou manteau. Il y en avoit de plusieurs espèces, à commencer par le *Pallium*, qui étoit un manteau quarré, vêtement distinctif des Grecs, selon le témoignage unanime des anciens Auteurs. Qu'on ouvre *Pétrone*, Tome II, page 246; *Suétone*, page 117; le *Deutéronome*, chap. 22, verset 12; *Appien Alex.* Liv. 5, page 492.

Le *Pallium* ne s'agraffoit jamais; par conséquent il varioit à l'infini dans la manière de l'ajuster. Nous réserverons pour un autre article des détails beaucoup plus étendus, et qui nous paroissent nécessaires sur la forme de ce manteau dont nous donnerons la coupe.

Les femmes portoient encore sur la Tunique une autre espèce d'habit, qui ne couvroit que la partie supérieure du corps. Vinckelmann croit, d'après Varron (Histoire de l'Art, Tome I, page 346), que les Romains l'appelloient *Ricinium*. Il étoit composé de deux pièces presque quarrées et parfaitement égales, comme le prouvent plusieurs figures, et comme nous en avons, nous-mêmes, acquis l'expérience, par des études faites sur des mannequins, d'après des figures antiques; moyen infaillible de prendre la forme abſolument exacte des vêtemens qui les couvrent. Ces deux pièces avoient les angles supérieurs peu arrondis ; elles se joignoient sur les épaules par deux ou plusieurs agraffes. L'une servoit à couvrir la poitrine, l'autre le dos. Dans beaucoup de figures, cet habit ne descend que jusqu'à la ceinture qui eſt placée sous le sein, et quelquefois il se prolonge jusqu'à la ceinture qui appuie sur les hanches, comme on le voit à la figure que nous présentons pour Costume d'Hermione. Cette figure n'a d'autre vêtement que la Tunique et ce petit habillement ; mais on sait qu'au Théâtre les manteaux ajoutent beaucoup de noblesse et de majesté à la repréſentation des personnages. Nous avons cru que nous pouvions y en ajouter un, en changeant seulement à la figure que nous avons prise pour modèle le mouvement d'un bras, ce qui ne dérange, en aucune manière, la composition du reste de la figure. Il faut cependant observer, et cela rentre dans les mœurs et usages antiques que nous appellons Costume, qu'en général, dans la vie domestique, on se couvroit rarement du manteau, et qu'on y laissoit les autres vêtemens dans une sorte de négligence. A mesure que nous en aurons l'occasion, nous ferons connoître plus particulièrement ces détails intérieurs, et nous mettrons ainsi les Comédiens en état de varier leurs Costumes dans le cours des mêmes rôles.

Il n'est pas inutile d'observer que toutes les Scènes de l'Andromaque de Racine se passent dans l'une des Salles du Palais de Pyrrhus, et qu'il seroit nécessaire d'y introduire quelques meubles pour le garnir ; comme des trépiés, des tables, des sièges antiques. On ôteroit ainsi à la Scène cette triste nudité, où on la laisse depuis long-temps dans presque toutes les Tragédies, nudité qui donne aux Acteurs une apparence de nullité, un air d'être étrangers, indépendans du lieu où ils se trouvent. Ce soin les pourroit faire plus souvent prendre pour les personnages de l'action où ils représentent, et donneroit plus d'avantage à la vraisemblance, en ajoutant à l'illusion. Pour donner aux Comediens des modèles de ce qui leur est nécessaire, en cette partie ; dans tous les dessins que nous ferons graver, nous aurons l'attention, selon les sujets et les scènes, d'appliquer des accessoires d'après l'antique, en appropriant toujours leur plus ou moins de sévérité au caractère des propriétaires ou habitans des lieux où se passera l'action.

Le rôle d'Hermione est une des plus belles créations du génie de Racine ; il ne faudroit, pour s'en convaincre, que le comparer avec celui du même personnage dans Euripide, quoiqu'il soit, a observé l'Auteur, presque la seule chose qu'il lui ait empruntée. Il lui a pourtant emprunté encore quelque chose de très-remarquable ; c'est une partie du caractère d'Andromaque, principalement les détails de sa douleur. La tirade qui commence par ce vers :

> J'ai vu mon père mort, & nos murs embrâsés ;

Et celle qui commence par celui-ci :

> Fais connoître à mon fils les héros de sa race.

sont imitées d'Euripide. C'est une imitation de génie, sans doute, mais enfin c'est une imitation.

Un très-court détail fera connoître ce qui différencie essentiellement l'Ouvrage du Poëte Grec, et celui du Poëte François.

Dans l'Andromaque de Racine, cette Princesse ne connoît d'autre mari qu'Hector, d'autre fils qu'Astyanax. Dans Euripide, elle tremble pour la vie de Molossus, enfant qu'elle a eu de Pyrrhus et qu'Hermione veut faire mourir avec sa mère. Ainsi ces deux pièces n'ont, pour ainsi dire, de commun que le nom ; sauf ce que nous avons précédemment indiqué. Il eût été choquant pour nous de voir une Princesse captive, contrainte d'entrer au lit de son vainqueur, plutôt en qualité d'esclave que d'épouse, et alaitant même les enfans qu'il avoit de ses autres femmes. Tout cela étoit dans les mœurs anciennes ;

mais jusqu'ici nous avons tellement tenu à nos mœurs, nous leur avons donné sur celles de tous les autres peuples, tant anciens que modernes, une préférence si complaisante que, loin de nous intéresser par une situation qui auroit tenu à la vérité, Racine se seroit fait sifler, comme Ecrivain de très-mauvais ton, par tous les élégans de la Cour et de la Ville qui papillonnoient alors autour de la *Desœillets*. Nous prions nos Lecteurs de voir ici l'habitude où nous nous surprenons nous-mêmes. Pourquoi la *Desœillets* ? Parce qu'on s'est accoutumé à cette dénomination insolente. Aujourd'hui que les idées, rapprochées d'un systême plus honorable pour l'humanité que celui sous lequel nous avons gémi jusqu'ici, placent tous les hommes sur la même ligne, quand, à peu de défauts, ils joignent des talens et des vertus, toute dénomination équivoque doit être bannie de la Langue Françoise ; et, pour expier notre sottise, nous la laisserons subsister avec la Note que nous y joignons.

Dans la pièce d'Euripide, il est souvent question de Pyrrhus, mais ce Prince n'y paroît que quand on y apporte son cadavre. Il est à Delphes depuis trois jours ; on soupçonne qu'il veut reconnoître le temple, pour en enlever les trésors, parce qu'il considère Apollon comme l'assassin d'Achille. Oreste, amant d'Hermione et rival de Pyrrhus, arrive au temple pendant que ce Prince y fait un sacrifice, change les soupçons en certitude, et Pyrrhus est assassiné. Hermione n'a consenti à tout cela que par un silence que le fils d'Agamemnon interprète en faveur de ses projets. Ceux de nos Lecteurs qui connoissent bien l'Andromaque de Racine, peuvent comparer ces moyens avec ceux qu'il a employés. Hermione altière, jalouse, aimante, emportée, furieuse, entraînée tantôt par l'amour, tantôt par l'ambition, tantôt par un ressentiment dont tout son cœur est plein, est tour-à-tour livrée à tous les combats que doit éprouver le cœur d'une femme amoureuse et jalouse : son ame placée entre deux passions qui la tourmentent également est en proie à l'irrésolution la plus

déchirante

PYRRHUS.

déchirante. Elle veut , presqu'au même instant , aimer Pyrrhus et le haïr ; elle forme contre lui les plus terribles projets de vengeance , et elle y renonce sur-le-champ. Tout ce qu'une femme peut mettre de moyens en usage pour ramener un infidèle , elle le tente autant que son caractère le lui permet ; tous les mouvemens , tous jusqu'à l'ironie , elle s'en arme pour satisfaire son amour ou son orgueil. Enfin la colère et la vengeance la déterminent à ordonner le trépas de l'ingrat qui l'abandonne , et c'est , quand ses ordres sont exécutés , qu'elle sent que le perfide , dont elle a voulu la mort , lui est plus cher que jamais , et que son amour porté à son dernier période lui rend odieux et horrible celui qui a servi une vengeance qu'elle-même a commandée , sous peine de lui déplaire. Un caractère qui se développe ainsi a besoin d'une étude profonde , les nuances en sont aussi difficiles à saisir qu'à bien rendre , et on ne sauroit trop inviter les Comédiennes qui se chargent de le jouer , à le méditer long-temps avant d'entreprendre de le placer sur la Scène. Depuis Mlle Clairon , ce Rôle , quelquefois bien rendu à beaucoup d'égards , a toujours laissé quelques regrets après lui.

P Y R R H U S , dans la même Tragédie.

La première observation qui nous frappe , en considérant le Costume de ce Prince , comme il a été arrangé jusqu'à ce jour (et elle est très-essentielle) ; c'est qu'en général, en temps de paix , on ne portoit jamais d'armes offensives en Grèce dans les endroits publics , et par conséquent jamais dans l'intérieur des maisons ou des palais. Cependant, il n'est presque pas de Tragédie où l'on ne représente les Héros de l'antiquité avec la cuirasse , le casque , le glaive , et autres accessoires usités seulement à la guerre. Dans la Tragédie d'An-

B

dromaque, Pyrrhus est au sein de son Palais, et il ne doit être revêtu que du Costume civil. Ce Costume se borne à la Tunique & au manteau, qu'on appelloit *Pallium*. La Tunique civile n'est autre chose que la *Calasiris* des Grecs, que les Romains appelloient *Stola*. On la remarque sur une figure de Créon, Roi des Corinthiens, dans un bas-relief de la *Villa Borghèse*. Voyez *Admiranda Roma Antiq.* fol. 61. Ce bas-relief a été restauré. Winckelmann, *Monumenti antichi inediti*, Tome Ier, *fig.* 91, Tome II, *folio* 122, d'après un autre bas-relief antique qui contient les mêmes figures, en a donné une explication digne d'un aussi savant homme que lui. Cette Tunique, qui descend jusqu'aux talons, est proprement la Tunique royale. Les longues robes Ioniennes n'avoient point d'autres formes, comme on peut s'en convaincre, page 676, des *Images* ou *Tableaux* de Philostrate. C'étoit l'habit ordinaire des Rois et des Magistrats. Ils portoient cette Tunique longue, comme celle que l'on voit à Œdipe, Roi de Thèbes, sur le fragment d'une urne du Palais Rondinini, avec cette différence pourtant que les manches ne viennent qu'à la moitié de la partie supérieure des bras, tandis qu'à la figure de Créon que nous venons de citer, elles descendent jusqu'aux poignets. Le Tome Ier, *fig.*103, des *Monumenti antichi*, fera connoître aux curieux cette figure d'Œdipe que nous rapprochons de celle de Créon : elle se trouve page 676. La Tunique, par-tout où on la rencontre, principalement sur les personnages que leur état forçoit à une représentation publique, est toujours ceinte par une bande plus ou moins large, dont l'étoffe et la richesse ne sont connues que très-imparfaitement. Quelques passages des anciens, parmi lesquels on peut consulter Dom Calmet sur le verset 9, chap. x, de saint Matthieu, indiquent que les Hébreux et les Romains portoient souvent leur bourse dans leur ceinture; il est vraisemblable que les autres peuples, dont ils n'étoient guères que les serviles imitateurs, avoient cet usage qui est encore aujourd'hui celui des Orientaux. Quelques Lecteurs s'étonneront peut-être de voir citer les uns à côté des autres, et tour-à-tour les Auteurs sacrés et profanes, Calmet et Winckelmann, quoique celui-ci fût Abbé ; le Deutéronome et Diodore de Sicile, Plutarque et la Genèse ; mais nous les prions de vouloir bien s'y accoutumer, parce que cette marche est aussi nécessaire à nos preuves qu'à la confiance dont nous voulons être dignes. Tout ce qui est autorité nous appartient, et nous devons nous en servir par-tout où nous retrouvons notre propriété. En matière de coutumes et d'usages, aucun Livre authentique n'est indifférent, et les Livres hébreux, par la même raison que leurs Auteurs étoient imitateurs, et même plagiaires, sont d'une grande ressource sur une foule de petits accessoires ; c'est sur les petites choses qu'il faut consulter les Génies petits comme elles ; ils s'y livrent entièrement par la cause toute simple qu'elles sont à leur portée.

Une habitude que l'on a prise au Théâtre, et sur laquelle il seroit bien essentiel de revenir, c'est celle de croire que le Costume n'est susceptible d'effet, qu'autant qu'il est chargé d'argent, d'or, de pierreries, de diamans, et de donner souvent aux Chefs, aux Rois, aux Magistrats des Républiques grecques le faste des Asiatiques. Il est bien vrai que le luxe de ces Peuples a fini par s'introduire dans la Grèce ; mais ce fut dans la Grèce dégénérée. Elle fut simple tant qu'elle eut des mœurs, tant qu'elle conserva l'énergie de sa liberté ; et si elle eût quelques richesses, elle n'en fit point cet abus qui est si fort en usage au Théâtre François et sur celui de l'Académie Royale de Musique. Que l'on jette un coup d'œil sur les Livres anciens, tant sacrés que profanes, on y verra la fille de David préparer à manger à son frère ; Nausicaa, fille du Roi Antinous, laver elle-même ses vêtemens ; Cincinnatus labourer la terre, même après son triomphe ; Philopémen fendre le bois avec lequel il va réchauffer son foyer ; Agesilas s'asseoir sur la terre nue ; Agamemnon couper les viandes ; Achille, le plus fier des mortels, mettre lui - même aux broches les morceaux qu'il doit servir à ses convives. Cette simplicité, dans les détails domestiques, n'exclut point la grandeur d'ame, l'héroïsme, le courage, et elle prouve qu'il est ridicule de couvrir des métaux les plus précieux, et avec une profusion impossible aux temps reculés, des personnages qui ne dédaignoient pas de se servir eux - mêmes et de desendre à des fonctions que notre sot orgueil a qualifiées de basses, comme s'il étoit bas de faire emploi des facultés qu'on a reçues de la nature. Les couleurs, leur choix, leur finesse, l'agencement des habits, l'ordre des plis, leur contraste naturel et facile, enfin leur ampleur ; voilà ce qui forme véritablement la noblesse du Costume chez les anciens.

Nous ne dissimulerons pas que la simplicité des mœurs antiques ne cadréroit point avec les nôtres ; que l'on ne se feroit que très-difficilement à voir des Héros dépecer des agneaux & embrocher des viandes, & que ces fonctions, qui ne sont rien moins qu'imposantes, nous rappelleroient plutôt le service imposé à leurs esclaves, que la dignité de leur rang ; aussi croyons-nous bien que jamais aucun imitateur dramatique d'Homère ou de Virgile ne s'avisera de porter sur la scène Achille faisant cuire un alloyau sur des charbons, ou Ascagne mangeant la croûte de pain qui lui a servi d'assiète ; mais sans que le Spectateur voie sous ses yeux tout ce qui tenoit à la franchise de la vie antique, il faut qu'il se souvienne des occupations auxquelles le personnage a pu se livrer derrière la Scène, et qu'il se contente de le voir noble et fier, sans vouloir qu'il soit riche ni paré comme un masque du bal de l'Opéra. Ce n'est pas que nous voulions qu'on bannisse des habits antiques les ornemens accessoires ; ils en avoient, et il faut les leur conserver ; mais il en faut bannir l'abus, c'est le seul moyen de conserver la vérité.

On croit assez généralement que la connoissance des Costumes n'est véritablement nécessaire qu'aux Peintres, aux Décorateurs et aux Comédiens , et c'est une erreur très - grande , car le Costume influe beaucoup sur la lecture , par conséquent sur la connoissance de l'Histoire. Nos Instituteurs ont tellement cru jusqu'ici que c'étoit une étude oiseuse , que jamais ils ne se sont un instant occupés d'en parler à leurs Elèves. Prenez les Elèves qui sortent d'étudier l'Histoire dans laquelle ils se croient très - savans , parce que leur mémoire a retenu quelques faits & beaucoup de noms ; interrogez-les sur les différens peuples dont ils ont parcouru les fastes , & vous vous convaincrez qu'ils n'y ont vu que des hommes qui vivoient avant eux , sans se douter qu'ils aient eu d'autres vêtemens , d'autres usages , d'autres mœurs. Le Génie des Nations influe sur toutes leurs habitudes , & , dans leurs vêtemens même , le caractère qui les a distingués , s'est peint par une descente toute naturelle d'un principe intérieur aux conséquences apparentes. C'est à défaut de ces réflexions que l'on a jusqu'ici négligé tant de choses dans l'éducation des jeunes gens , & que la paresse innée chez presque tous les hommes , qui semble être le patrimoine ordinaire d'un grand nombre d'Artistes , a détourné ceux-ci des recherches , des études & des travaux qui auroient aggrandi pour eux la carrière de l'Art , mais dont ils savoient ne point avoir besoin pour captiver les suffrages de ceux qu'ils avoient pour Juges.

On a toujours considéré le rôle de Pyrrhus , comme un des plus difficiles qu'il y ait au Théâtre. Sa première Scène , avec Oreste , est un composé de grandeur , de ressentiment , de surprise , d'ironie , dont les nuances sont d'autant plus difficiles à saisir qu'il faut les marquer toutes , passer de l'une à l'autre sans brusquer les mouvemens , et leur donner néanmoins une opposition sentie. Il faut , dans la première tirade , que tantôt la physionomie soit d'accord avec les sentimens intérieurs , tantôt qu'elle soit négative ; et cet Art non-seulement n'est pas donné à tout le monde , mais il exige encore un travail sur la mobilité de la physionomie , qui est fait pour effrayer un grand nombre de Comédiens. Les Scènes avec la veuve d'Hector ne sont pas moins difficiles. Un amant du caractère de Pyrrhus ne peut voir rejetter ses vœux, sans que son orgueil irrité n'éclate et ne menace; mais, dans ces momens même, l'amour vif, impétueux, terrible, toute la chaleur de la passion, et d'une passion devenue indomptable, doit éclater aussi. Il en est de même de celles où le fils d'Achille parle à Phénix, le Gouverneur de son enfance, de la résolution, où il se dit être, d'oublier Andromaque et d'épouser Hermione. Toutes ses illusions de la colère, tous les efforts d'un cœur qui cherche à se tromper lui-même, et qui s'irrite vainement contre l'objet qui l'a subjugué sans retour, doivent être peints dans ses accens; il faut qu'on y voie toute l'inanité de ses résolutions, et ce n'est qu'avec cette observance exacte des nuances relatives à tous les mouvemens de l'ame qu'on peut faire passer le personnage, d'une manière vraisemblable, des orages de la colère aux tendres propositions de l'amour et de la générosité. Il faut bien observer qu'au Théâtre les effets de la diction dépendent de la variété des organes. L'accent concentré produit, dans celui-ci, une impression terrible et profonde; dans tel autre il est presque nul, parce qu'il est mal servi par la foiblesse de la poitrine. Ici les éclats sont durs et discordans; là, ils séduisent et ils entraînent. Cette observation s'applique essentiellement au rôle de Pyrrhus, et nous ne craignons pas d'assurer que tout Acteur qui n'aura pas bien étudié son organe, quelque esprit, quelque sensibilité, quelqu'intelligence qu'il ait d'ailleurs, n'y produira jamais qu'un effet médiocre.

ANDROMAQUE, *dans la même Tragédie.*

Solemnes tum fortè dapes et tristia dona,
Antè urbem in Luco, falsi Simoentis ad undam;
Libabat cineri Andromache, manesque vocabat
Hectoreum ad tumulum, viridi quem Cespite inanem
Et geminas, causam lachrimis, sacraverat aras.

Nous tâcherons toujours, à chaque Costume antique que

ANDROMAQUE

(13)

nous mettrons sous les yeux de nos Lecteurs, d'en établir la
vérité sur une base solide et sur des preuves démonstratives.
Ces cinq vers du troisième Livre de l'Enéïde de Virgile donnent
le sujet du dessin d'Andromaque que nous offrons. Ce dessin
peut être considéré comme fait pour représenter l'action inter-
médiaire du troisième et du quatrième Actes de la Tragédie de
Racine. Il est une suite de ce vers si simple, si vrai, dans la
situation, comme dans le caractère de la veuve d'Hector :

   Allons sur son tombeau consulter mon époux.

Passons maintenant à l'examen du Costume qui doit être
propre à Andromaque. Il est d'autant plus nécessaire que ce
Costume a déja causé des discussions dont il n'est encore résulté
aucune lumière fixe, et qu'il nous semble qu'il n'est pas très-
difficile de se déterminer sur le parti qu'il convient de prendre
pour se rapprocher de la vérité.

Jusqu'à présent on a représenté Andromaque avec un diadême, une couronne de perles, ou d'autres ajustemens de tête,
tandis qu'elle ne doit avoir aucun ornement. La principale
marque de deuil chez les anciens étoit d'avoir les cheveux déliés
et flottans sur les épaules, de déchirer les bandelettes que l'on
portoit ordinairement pour les retenir, de les déposer sur les
tombeaux de ceux qu'on avoit honorés pendant leur vie, et
pour lesquels on conservoit un tendre souvenir après leur mort.
Quelquefois même on se coupoit les cheveux, et on les appen-
doit à l'urne ou à quelques ornemens du tombeau. Quelquefois
aussi on y déposoit sa ceinture. A la cinquième Scène du premier Acte de l'Electre de Sophocle, cette Princesse dit à Chry-
sothèmis, sa sœur, qui va porter les offrandes funèbres de sa
mère sur le tombeau d'Agamemnon : « Au lieu de bandelettes,
» offrez-lui ma ceinture qui n'est point enrichie d'ornemens d'or,
» joignez-y ce peu de cheveux qui me restent, et qui témoignent
» assez le malheureux état où je suis » !

M. de la Harpe a ainsi traduit ce passage dans son Essai sur les trois Tragiques Grecs.

> Prenez de mes cheveux , prenez aussi des vôtres ;
> Le désordre des miens atteste mes douleurs ,
> Souvent ils ont servi pour essuyer mes pleurs.
> Il m'en reste bien peu , mais prenez , il n'importe ,
> Il aimera ces dons que notre amour lui porte.
> Joignez-y ma ceinture , elle est sans ornement ;
> Elle peut honorer ce triste monument.

Il faut encore remarquer que ces ornemens de deuil , aussi déplacés que ridicules , sont démentis par Sénèque dans ses Troyennes. A la Scène seconde du premier Acte , Hécube dit au chœur des filles Troyennes , dont elle est entourée , et qui sont esclaves comme elle : « Fidelles compagnes de mes malheurs ! » arrachez vos cheveux , ou laissez-les flotter sur vos épaules après » les avoir souillés dans les cendres fumantes de Troye. » Ainsi tout doit engager à les exclure.

Quant à la couleur des vêtemens de deuil , il est évident que, chez les Grecs , elle étoit noire ou brune. Plutarque dit , dans la Vie de Thésée , que ce Héros à son départ d'Athènes pour aller combattre le Minotaure , avoit des voiles noires à son vaisseau. On sait que , dans l'enthousiasme de sa victoire , Thésée oublia , à son retour , de les supprimer pour leur substituer les voiles blanches que son père lui avoit remises , et que ce vieillard allarmé croyant que son fils étoit mort , se précipita de désespoir dans la mer , qui depuis a porté son nom. Il falloit donc que le noir fût la couleur du deuil. Plutarque dit encore, dans la Vie de Périclès , que ce grand homme regardoit comme une des choses dont il avoit le plus à se féliciter , l'avantage de n'avoir jamais fait prendre l'habit noir à personne.

Winckelmann , auquel on doit accorder d'autant plus de confiance qu'il peut être cité comme un des plus savans hommes qui ait étudié l'antiquité , ses monumens et ses usages , rapporte ,

d'après

(17)

d'après Homère, que Thétis, plongée dans la tristesse, relativement à la mort de Patrocle, se couvrit du plus noir de ses
vêtemens. Au dix-huitième Chant de l'Iliade, la mère d'Achille
va demander à Vulcain une armure pour son fils. « Thétis
» s'avance; (Traduction de M. *Bitaubé*) l'épouse de Vulcain, la
» chevelure ornée, la belle Charis la voit, court au - devant
» d'elle ; et l'embrassant : — O Déesse vénérable et chérie,
» dit-elle, quelle conjoncture t'amène, *sous ce long voile*, dans
» notre Palais » ? Ce long voile n'étoit autre chose que le *Téristron*, qui étoit d'un tissu si délié que l'on voyoit au travers ; il
étoit plus ou moins ample, suivant le plus ou moins de facultés
du personnage qui s'en couvroit. Au Théâtre, il ne faut jamais
craindre de donner de l'ampleur aux voiles de ce genre ; cette
ampleur communiquera aux Actrices plus de graces et de noblesse.

Le *Téristron* étoit noir dans les temps de deuil : nous en parlerons,
lorsque nous donnerons le Costume des Vierges vestales, et celui
des nouvelles mariées. Dans ces circonstances, il varioit de couleurs. Il s'ajustoit sans agraffes, et recouvroit les autres vêtemens
qui, dans le deuil, se bornoient à une longue Tunique et au *Péplum*. Quelquefois on ne mettoit qu'une simple Tunique que l'on
nouoit négligemment, à laquelle même on n'attachoit point
de ceinture, quand on vouloit annoncer un entier abandon de
soi-même.

Dans le dessin d'Andromaque que nous joignons ici, nous
avons revêtu cette Princesse d'une Tunique à manches, non-
seulement comme mère, mais encore comme Troyenne. Par-
dessus cette Tunique, on voit le Péplum attaché par deux
boutons sur les bras, et qui paroît au-travers du *Tériſtron*. On
ne remarque cette manière de l'attacher que dans les figures
propres aux peuples, que les Grecs appelloient *Barbares*. Cet
usage appartenoit principalement aux Troyens qui le tenoient
des peuples de la Thrace dont ils étoient originaires, et qu'ils
transmirent aux Arméniens que l'on voit ainsi représentés sur

C

les monumens Grecs et Romains. On observera que toutes les figures Phrygiennes, qui sont arrivées jusqu'à nous, sont l'ouvrage des ciseaux Grec et Romain, ou de Grecs soumis à l'Empire Romain, qui n'ont suivi qu'un Costume traditionel, qui encore ont adopté celui des peuples devenus les successeurs des Phrygiens, parce qu'ils ne pouvoient pas se régler sur des monumèns antérieurs. On a ajusté la figure d'Andromaque d'après une figure Grecque tirée d'un bas-relief, qui représente Antiope, mère de Zéthus et d'Amphion qu'elle eut de Jupiter. Lycus, Roi de Thèbes, avoit d'abord épousé cette Antiope, mais il la répudia bientôt pour épouser Dircé. Alors Jupiter prit la figure de Lycus, feignit une réconciliation et trompa aisément Antiope. Dircé croyant que Lycus s'étoit réconcilié avec Antiope, la fit enfermer, l'accabla de mauvais traitemens, et auroit causé sa mort, si elle n'avoit pas trouvé le moyen de prendre la fuite. Elle accoucha de deux enfans qui, dans la suite, vengèrent leur mère, en attachant Dircé à la queue d'un taureau furieux qui la mit en pièces. Ce bas-relief représente Antiope au moment, où elle instruit ses deux fils du long deuil auquel Dircé l'a réduite. La figure annonce la plus profonde douleur ; on n'y a rien changé que les bras qui sont nuds dans l'original, parce qu'il représente une femme Grecque, et que, comme Troyenne, la veuve d'Hector doit porter la Tunique à longues manches ; marque distinctive de l'habit des Troyens ainsi que des Troyennes, puisque Numanus, beau-frère de Turnus, dit aux Troyens, qu'ils ressemblent plutôt à des femmes qu'à des hommes. Le *Tunicæ manicas* de Virgile, dans son neuvième Livre de l'Enéïde, suffit pour prouver que les Troyens portoient de longues manches à leurs Tuniques ; on en voit d'ailleurs de semblables sur toutes les statues antiques, qui représentent des personnages Phrygiens. Il ne paroît pourtant pas que la couleur noire fut toujours celle du deuil, et on peut croire qu'elle varioit dans certains cas. Aux funérailles de Timoléon le Corinthien , les hommes , et même les femmes qui accompagnèrent son corps au bûcher , étoient vêtus de robes blanches et couronnés de fleurs. A Argos , comme on peut le voir , Tome Ier des Œuvres Morales de Plutarque , l'habit de deuil des femmes étoit blanc ; mais on doit remarquer qu'en général le deuil consistoit plutôt dans une entière négligence de soi-même , que dans la couleur des vêtemens. Nous reviendrons plus d'une fois sur le deuil des anciens ; il nous suffit d'avoir déterminé celui qui convient à Andromaque, d'après des autorités qui sont à-peu-près incontestables , et d'avoir fixé sur lui des idées qui ont été trop long-temps indécises.

Le rôle d'Andromaque a cela de particulier qu'il semble toujours avoir la même expression , et que cependant cette expression varie sans cesse par ses nuances. Par-tout , cette Princesse sanglotte et pleure. Elle pleure quand on lui parle d'Hector , quand on lui parle d'Astyanax , quand Pyrrhus lui parle d'amour : Et pourtant combien on desire de la revoir et de l'entendre ! Comme on est attendri et intéressé par cette veuve , toujours livrée au souvenir de ses malheurs , toujours les yeux baignés de larmes , toujours occupée de son époux et de son fils ! On l'est si fort, que l'on partage toutes ses inquiétudes , toutes ses alarmes , toutes ses douleurs , et que quand elle ouvre la bouche pour proférer les mêmes plaintes que l'on a entendues dix fois, on y est entièrement attentif comme si on les écoutoit pour la première. C'est le comble de l'Art, de la Poésie et de la sensibilité. Pour bien rendre ce rôle , il faut beaucoup moins d'art qu'il n'en a fallu pour le créer. Nous disons créer, parce qu'il y a si loin de l'Andromaque d'Euripide à celle de Racine, que, sauf les exceptions dont nous avons parlé , à peine ces deux personnages se ressemblent-ils. Une belle figure , un œil expressif et tendre , une taille souple et moëlleuse, un organe frais, et se modulant sur lui-même dans les accens de la plainte, quelque grace dans les développemens et un peu de mémoire :

voilà tout ce qu'il faut , à - peu - près , pour y réussir. Nous avons vu des Actrices d'un très-grand mérite , d'une intelligence et d'un talent reconnus rares , y produire très-peu d'effet , parce que la nature leur avoit refusé cette facilité d'organe, si nécessaire à peindre les émotions de l'ame , et à les communiquer. Feue Mlle Dubois , qui ne manquoit pas d'un certain talent , mais dont la réputation a été un peu usurpée, y intéressoit beaucoup toutes les fois que , négligeant d'attirer de l'œil les regards des soupirans pour ses charmes, et dont les loges étoient bordées , elle pouvoit se livrer entièrement à son rôle. Mlle Sainval , cadette, y a toujours produit autant et même plus d'effet que Mlle Dubois ; mais chez elle , cet effet a été le résultat du talent et de la sensibilité réunis.

Plaçons ici quelques réflexions qu'il n'est pas inutile de remettre, de temps en temps, sous les yeux des Comédiens, de ceux principalement qui courent la carrière tragique. *Si vis me flere , dolendum est*, a dit Horace aux Auteurs dramatiques, on peut appliquer le même principe aux Comédiens. On ne fait sur autrui que les impressions qu'on éprouve soi-même. Comment émouvoir des indifférens, si l'on n'est pas ému le premier ? Ce seroit trop de dire aux Acteurs tragiques : Oubliez - vous toujours vous - mêmes , afin de porter l'illusion au point de vous croire absolument les personnages que vous représentez. Si un Acteur s'oublioit toujours entièrement , sur - tout dans les rôles dont l'ame affectée douloureusement est le principal mobile , il en résulteroit des inconvéniens fâcheux pour l'effet. Trop d'abandon nuiroit à la noblesse , peut-être à la décence, et très-certainement à la voix. Or le premier moyen effectif d'un Personnage dramatique, dans quelque situation qu'il soit placé , est de se faire entendre ; et ce n'est qu'ainsi qu'il peut communiquer les sentimens qui l'agitent. Mais il est essentiel de dire à tous ceux qui veulent entraîner à l'illusion : Ne vous servez , dans les Scènes d'expression, que de ce qu'il faut employer d'art pour modérer les écarts de la nature, pour entretenir sans cesse la dignité qui convient aux Personnages tragiques, et laissez-vous, dans les grands mouvemens, entraîner quelquefois par une heureuse erreur qui, passant de votre esprit à votre cœur, vous identifie avec le Héros que vous représentez, et vous fasse produire, sur - le - champ, ces beautés entraînantes et sublimes que l'âme crée presque sans y songer, quand elle est soutenue par la force de l'imagination.

L'intérêt qui naît de la douleur est une des affections dont le progrès est le plus rapide et le plus étonnant. Il se communique par les yeux, comme par les oreilles. Il suffit de voir ou d'entendre une personne sincèrement et justement affligée, pour compatir d'abord à ses douleurs, et, si l'on continue à fixer son attention sur elle, pour partager sa tristesse et ses larmes. Il semble qu'il existe dans le cœur de l'homme un instinct qui le force, malgré lui, à l'aspect du malheur, à sentir que la destinée de la misérable humanité est d'éprouver plus de chagrins que de jouissances. Il semble que les infortunes d'autrui soient un miroir dans lequel nous contemplions avec amertume et avec une sensibilité, trop personnelle peut-être, les misères attachées à notre existence. Ce principe de la facilité avec laquelle nous sommes portés à nous affliger pour et avec les autres, est plus facile à trouver et à prouver que celui qui cause en nous du plaisir à la représentation des Tragédies. Cependant il est possible de hasarder quelques réflexions. D'abord il y a une espèce d'orgueil à pleurer sur les maux des autres, parce qu'il y a une apparence de générosité. Ensuite, les Personnages tragiques, presque toujours placés dans une sphère fort au-dessus de celle des Spectateurs ordinaires, nous offrent une espèce de consolation qui tient encore de l'égoïsme ; celle de nous persuader que ceux qui sont au-dessus des autres par la naissance et par le rang, ne sont pas plus exempts de douleurs et de peines que ceux qui sont au-dessous d'eux. Enfin,

les larmes que font verser les Tragédies , sont une suite d'émotions prises et reçues dans un cadre qui a de la dignité , où l'art
est pour beaucoup , et où la nature , même affectée , est néanmoins entourée d'accessoires qui relèvent la sensibilité qu'on
éprouve et qu'on laisse paroître. Tel est l'effet des Arts d'imitation , qu'ils annoblissent tout ce qu'ils touchent , et qu'ils font
trouver , au spectacle des objets les plus tristes , un charme qui
émane d'eux principalement. Les Comédiens peuvent s'occuper
utilement de ces réflexions , et calculer ensuite l'effet qu'ils
peuvent et doivent produire dans les différens rôles qu'ils sont
chargés de représenter. C'est à la position de chacun d'eux qu'il
est nécessaire de faire attention , parce qu'il en doit résulter
la connoissance des nuances plus ou moins fortes, dont il faut
marquer les couleurs. C'est du défaut de cette observation que
résulte souvent cette contradiction bizarre qui fait voir des Comédiens secs et froids , ou dans des rôles dont la simple lecture
les a fortement émus , ou dans d'autres qu'ils ne peuvent voir
exécuter par leurs camarades , sans répandre des larmes.

Reportons ces réflexions , prises en masse , au rôle d'Andromaque , et la manière de le bien jouer se peindra d'elle-même.
Veuve d'un Héros , cette Princesse doit avoir de la fierté ; mère
d'un enfant infortuné dont on menace les jours , elle doit
peindre toute la sensibilité , toutes les inquiétudes d'une mère
tendre et prête à voir son fils sous le couteau mortel ; esclave
aimée du cruel dont le père a tué son époux , et qui lui-même
a détruit le Royaume où elle devoit commander un jour , elle
doit éprouver l'indignation la plus profonde , et chaque proposition , chaque sentiment amoureux de celui qui la tient dans
sa chaîne , doit bouleverser son ame. Mais comment rendre
tous ces sentimens , comment en marquer les couleurs ? En les
fondant tous dans l'ame douce , sensible , aimante et délicate
d'Andromaque. Forte dans ses résolutions contre elle-même ,
toute son énergie est dans son cœur , et sa bouche s'ouvre pour

se plaindre , mais jamais pour menacer ni pour maudire. Que l'on ajoute ceci à ce que nous avons dit plus haut des qualités physiques qu'exige la représentation du rôle , et on pourra se flatter de bien jouer Andromaque.

C'est par le rôle d'Hermione que Mlle Champmêlé a débuté , et non pas par le rôle d'Andromaque , comme on l'a dit dans plusieurs Dramaturgies. Racine se défendit long-temps d'assister à ce début , parce qu'il craignoit , sur des préventions qu'on lui avoit données , devoir défigurer son Ouvrage ; on insista cependant , et il consentit à suivre le début. Ses craintes sur le talent de la nouvelle Actrice parurent dabord se confirmer , parce que Mlle Champmêlé ne rendit que très-foiblement les deux premiers Actes ; mais elle se releva avec tant de force dans les trois derniers , elle y répandit tant de chaleur, tant de ce véritable enthousiasme que les passions communiquent, qu'elle fut applaudie avec fureur. Ce fut là l'époque de l'amour de Racine pour cette fameuse Comédienne.

Une Débutante du Théâtre François , dont les talens étoient médiocres et la figure désagréable , jouoit le rôle d'Andromaque ; elle le jouoit mal , et sa physionomie ne portoit point les Spectateurs à l'indulgence. Un d'eux murmuroit depuis long-temps d'entendre estropier les vers de Racine dont il étoit l'admirateur presque passionné. Il chercha long-temps à se contraindre , mais à la Scène où Andromaque dit à Pyrrhus :

> Seigneur ! que faites-vous ? et que dira la Grèce ?

Il lui fut impossible de se contenir. Il se hausse sur ses pieds , enfonce son chapeau sur ses yeux , et répond d'une manière aussi affirmative qu'intelligible :

> Que vous êtes, Madame , une laide . . . . .

La rime fut d'autant plus riche qu'elle étoit très-grenadière. Après cette réplique , il laisse le parterre applaudir à son vers

(24)

impromptu, et l'Actrice au milieu des éclats de rire multipliés, fort embarrassée de sa figure.

Dans les répétitions que Racine faisoit faire de son Andromaque, il donnoit un jour des conseils à tous les Acteurs : « Pour vous, dit-il au célèbre Baron qui jouoit le rôle de » Pyrrhus, je n'ai point d'instructions à vous donner. Votre » cœur et votre talent vous en diront plus que mes leçons ne pour- » roient vous en faire entendre ». Baron, qui étoit extraordinaire dans tous ses rôles, étoit au-dessus de lui-même dans celui de Pyrrhus. Il y varioit ses moyens et son expression chaque fois qu'il le représentoit. Un jour, dans la Scène où Pyrrhus dit à Andromaque, *Allez voir votre fils*, et termine sa tirade par ce vers,

Madame, en l'embrassant, songez à le sauver.

Au lieu du ton de la menace, il employa l'expression pathétique de l'intérêt et de la pitié ; il sembla même, par le geste touchant dont il accompagna ces mots, *en l'embrassant*, tenir Astyanax entre ses mains, et le présenter à sa mère. Celui qui a conservé cette anecdote remarque que les Spectateurs fondirent en larmes, et qu'ils surent, pendant quelque temps, mauvais gré à Andromaque, de ne point aimer Pyrrhus : tant l'illusion avoit été complette !

Finissons cet article par une anecdote plus gaie. Un grave Magistrat, qui n'avoit jamais été à la Comédie, s'y laissa entraîner, par l'assurance qu'on lui donna qu'il seroit trèscontent de la Tragédie d'Andromaque. Il fit une grande attention au Spectacle qui finit par une représentation de la Comédie des Plaideurs. En sortant il rencontra Racine, et lui dit avec beaucoup de bonhommie : « Monsieur, je suis très-satisfait de » votre Andromaque ; c'est une jolie pièce : je suis pourtant » étonné qu'elle finisse si gaîment. J'avois d'abord eu quelque » envie de pleurer, mais il m'a été impossible de tenir à la Scène » des petits chiens, et j'ai ri malgré moi. »

ORESTE

ORESTE.

O R E S T E , *dans la même Tragédie.*

ON a jusqu'ici donné à Oreste , dans la Tragédie d'Andromaque , un Costume qui ne lui convient pas. En l'habillant militairement ; on n'a pas pris la peine d'observer qu'il y représente en qualité d'Ambassadeur des Grecs , et que c'est avec l'habit civil qu'il doit y paroître. Il est certain que d'abord il semble difficile de se dire pourquoi Racine s'est imaginé de donner à Oreste le titre d'Ambassadeur ; car en datant de l'âge qu'avoit ce Prince, lors du sacrifice d'Iphigénie, pour aller à l'époque où les Grecs font demander Astyanax à Pyrrhus, le fils d'Agamemnon devoit être encore extrêmement jeune ; et tous les gens instruits savent que, chez les Anciens, on vouloit que le rang, l'âge et les autres qualités personnelles de ceux qui étoient nommés Ambassadeurs, donnassent un nouveau poids à un titre déja si respectable. Chez Homère , c'est Ulysse et Ménélas qu'on députe pour aller porter aux Troyens des propositions de paix. Thucydide s'explique sur cet objet d'une manière qui ne paroît pas équivoque , mais qui le devient ensuite, parce qu'il observe que les Grecs s'écartoient *rarement* du principe qui leur avoit fait desirer, dans leurs Ambassadeurs , la réunion de l'expérience , du rang et des qualités. Ce mot *rarement* peut motiver l'idée de Racine. Le fils d'Agamemnon devoit jouir dans la Grèce d'une grande considération ; il s'agissoit des restes de Troie , de tout ce qui pouvoit en exister de funeste pour l'avenir aux vainqueurs d'Ilion ; ainsi il peut , malgré sa jeunesse , avoir été choisi ; ainsi cette observation non-seulement justifie Racine , mais elle prouve encore qu'il n'a pas manqué à la vérité , en donnant à Oreste le rang d'Ambassadeur.

Il nous sera moins aisé de concilier le Costume d'un Ambassadeur avec ce que projette et fait Oreste dans le cours de l'ouvrage. Le vêtement des Ambassadeurs , long , embarrassant

D

et volumineux, ne peut s'accorder ni avec le desir d'enlever Hermione, ni avec le mouvement qui se passe dans le temple à l'instant où Pyrrhus est assassiné ; et cependant il est impossible que, dans le Temple même, Oreste n'ait pas conservé l'habit attaché au caractère dont il est revêtu ; car, dans la troisième Scène du cinquième Acte, Oreste, en rendant compte à Hermione de ce qui s'est passé avant la mort du Roi d'Epire, dit :

> Il sembloit que ma vue excitât son audace,
> Que tous les Grecs bravés *en leur Ambassadeur*
> Dussent de son hymen relever la splendeur.

Or, si Oreste quittoit dans cet instant l'habit d'Envoyé pour prendre l'habit militaire, Pyrrhus ne pourroit plus voir en lui l'Ambassadeur ; au contraire, il seroit éveillé par les soupçons que ce changement de Costume devroit faire naître dans son esprit, et le projet d'Oreste avorteroit. Il ne nous paroîtroit pas mieux que, sous le pallium dont il doit être revêtu, Oreste cachât une partie de Costume militaire, parce qu'il nous semble que cette prévoyance annonceroit un calcul qui tiendroit de la lâcheté, et parce qu'il ne faut jamais avilir un personnage tragique, alors même qu'il est, par une passion quelconque, entraîné dans le crime. Il vaut mieux chercher dans Racine des raisons pour lui laisser, pendant tout le cours de l'Ouvrage, le Costume d'un Ambassadeur.

Oreste est le rival de Pyrrhus, et ce n'est qu'à ce titre qu'il le hait. Dans tout son rôle, il se montre pénétré du respect qu'il doit à son rang, et de la considération qu'appelle naturellement le fils d'Achille. Lorsqu'Hermione le charge de sa vengeance, qu'elle lui ordonne d'immoler Pyrrhus, le fils d'Agamemnon, montre les sentimens dignes d'un homme de courage ; ce n'est point en assassin qu'il veut l'attaquer, c'est en guerrier ; ce n'est que sur les instances d'Hermione, et

(27)

entraîné par une passion aveugle , qu'il consent à marcher
vers le Temple pour y aller immoler sa victime, et il y marche
avec ce trouble naturel aux grands cœurs qui , dans les circonstances où la vertu parle et se fait encore entendre , malgré les cris de la passion , leur reproche d'avance l'action
à laquelle ils vont se livrer , et chasse loin d'eux l'idée même
de tout ce qui pourroit contribuer à leur propre conservation.
D'ailleurs ce n'est point Oreste qui frappe Pyrrhus, le Héros
tombe sous les coups des Grecs réunis. Oreste dit :

> L'infidèle s'est vu par-tout envelopper ,
> Et je n'ai pu trouver de place pour frapper ,
> Chacun se disputoit la gloire de l'abattre.

Ainsi l'Histoire motive le caractère d'Ambassadeur que Racine
a donné à Oreste ; ce titre nécessite le Costume ; et ce que fait
Oreste , dans la Tragédie , nécessite ou autorise , comme nous
croyons l'avoir prouvé , dans tout le cours du rôle , et même au
cinquième Acte , la conservation du Costume d'Ambassadeur.

Quel étoit ce Costume ? Il étoit divisé. Dans les ambassades
où il s'agissoit de déclarations de guerre , les Ambassadeurs
portoient la robe de pourpre, *la Chlamyde ;* dans celles où il
étoit question de devoirs de bienséance, d'intentions concilia-
trices, ils portoient la robe blanche , c'est-à-dire *le Pallium.*

C'est ici la place propre à faire connoître ce vêtement,
dont il est si souvent question dans tous les Ouvrages qui con-
tiennent des Recherches sur l'Antiquité , sur les Arts , sur la
Peinture , la Sculpture, et qui est encore si mal connu.

Les deux sexes portoient également le Pallium. C'étoit le
vêtement distinctif des Grecs : cette assertion est prouvée par
tous les Auteurs dignes de foi (1). Il faut seulement observer

______

(1) Voyez *Suétone* , *Pétrone* , Tome II, page 246 ; *Appien Alex.* Liv. V ,
fol. 492 ; *Denis d'Halicarnasse* , Tome I , page 250 ; *Deutéronome* , Chap. xxij,
ỳ. 12.

que pour les femmes il avoit plus de finesse et moins de solidité que pour les hommes, et que dans les monumens antiques
on voit rarement une femme entièrement couverte du Pallium.
Le Pallium avoit la forme d'un quarré long ; mais il ne faut
point prendre ce quarré si fort à la rigueur qu'on ne puisse
pas donner à l'un ou l'autre des deux côtés un léger arron-
dissement, tel qu'il est figuré et marqué à la coupe première
de la planche jointe au Costume d'Oreste, par une ligne courbe
et pointillée.

Le Pallium est un des manteaux ou vêtemens antiques sur
lesquels les Auteurs ont le plus disputé. Vinckelmann, Tome
premier de son Histoire de l'Art, a supposé que le Pallium
étoit de forme ronde, comme nous l'indiquons à la deuxième
figure de la coupe de ce manteau. Ferrarius (*de re vestiariâ*)
le fait de forme demi-circulaire ; et comme différens passages
des Anciens ne laissent point d'équivoque sur la forme quarrée
de ce manteau, il a cru qu'il pourroit concilier les différens
passages en donnant le Pallium quarré seulement aux Asiatiques, ainsi qu'aux nations limitrophes, sans l'attribuer aux
Grecs. Il soupçonne que ce Pallium quarré s'attachoit par deux
agraffes aux angles supérieurs ; ce qui, laissant flotter au hasard
les angles inférieurs, faisoit qu'il couvroit uniquement le
dos. On voit bien, en effet, sur une urne sépulchrale de
la gallerie du Capitole, une Muse qui le porte ainsi ; mais
le manteau de cette Muse n'est point anguleux par en-bas,
il est au contraire arrondi, et il ressemble plutôt à la Chlamyde qu'au Pallium, d'après l'idée que nous en ont laissée
les anciens Auteurs. Berger indique encore un autre manteau du
même genre, qu'il nomme *le Peplos des Comédiens*, et il cite,
à l'appui, une médaille antique qui représente Néron jouant
de la lyre, et où sa figure est revêtue de ce manteau. Mais
cette médaille ne sauroit faire autorité pour les Grecs, quoique
les Romains leur aient effectivement emprunté une partie de leurs
usages.

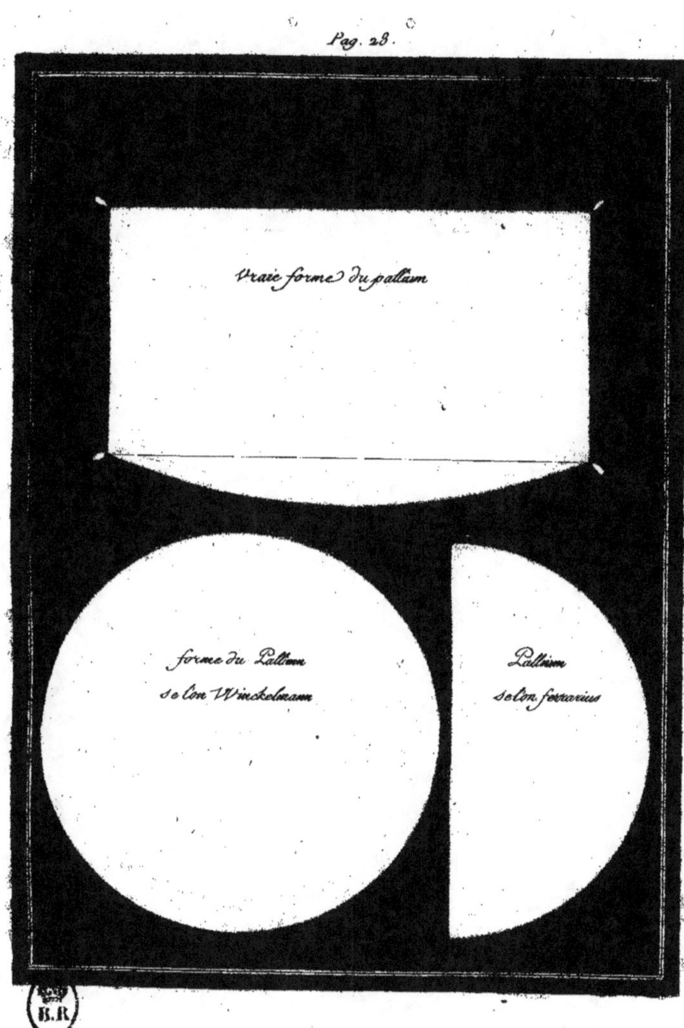

Vraie forme du pallium
forme du Pallium
selon Winckelmann
Pallium
selon ferrarius

(29)

Ferrarius, dans un autre endroit de ses *Analectæ de re vestiariá* (Livre XXVIII, chap. iv), conjecture que le Pallium étoit composé de deux pièces quarrées et jointes ensemble , dont l'une couvroit la poitrine, l'autre le dos , et qui étoient agraffées sur l'une et l'autre épaule : mais on ne sauroit admettre la conjecture de ce Savant , sans l'avoir vue appuyée du moins de quelques figures d'hommes revêtues de ce manteau ainsi ajusté , puisqu'il étoit commun aux deux sexes. Il vaut donc mieux s'en rapporter au témoignage des Anciens et à l'expérience des hommes exercés dans l'Art. Les Anciens ont connu le Pallium , parce qu'ils l'ont vu, parce qu'ils l'ont porté eux-mêmes ; ainsi c'est d'après eux seuls que l'on peut , que l'on doit déterminer sa forme , et ce qu'ils nous en ont dit doit prévaloir contre toute hypothèse hasardée.

Ceux d'entre les Artistes qui aiment à étudier les usages antiques, leurs nuances, leurs divisions, leur application, sont encore à portée , s'ils le veulent , de se rendre un compte exact de la coupe des vêtemens anciens. Le moyen est très-simple. Ils n'ont qu'à modéler des figures dans les mêmes attitudes que certaines statues antiques, qu'à les couvrir ensuite de draperies qu'ils jetteront dans les mêmes mouvemens , en conservant rigoureusement l'épaisseur des plis ; ensuite ils découperont les linges qu'ils auront employés dans les mêmes chutes que celles offertes par les originaux, et, en les déployant après cette opération, ils en trouveront positivement et régulièrement la véritable forme. C'est le parti qu'a employé l'Artiste dont les figures de cet Ouvrage portent le nom , quand il a voulu se rendre un compte certain et raisonné de la forme des anciens vêtemens. C'est d'après des expériences faites et réitérées sur les filles de Niobé , sur la Minerve et sur plusieurs autres figures qui toutes lui ont donné les mêmes résultats , qu'il ose avancer, avec une espèce de certitude , que la forme du Pallium est telle qu'il la présente au haut de la gravure qui présente les différentes coupes de ce vêtement.

Le Pallium peut être plus ou moins ample, plus ou moins circulaire, mais il n'en faut jamais dénaturer les quatre angles, à chacun desquels on attachoit une petite houpe ou un gland. Cet éclaircissement peut, sans doute, déterminer à imiter au Théâtre le Pallium, tel qu'on le voit sur les statues antiques.

Ce seroit en vain que l'on chercheroit à donner des lumières certaines sur la manière, toujours variée, dont on portoit le Pallium. On ne peut prendre là-dessus des instructions que par un examen très-suivi des monumens. Cette étude convaincra, jusqu'à la dernière évidence, que jamais, quoi qu'en aient dit Saumaise et Dacier, le Pallium ne s'attachoit avec des agraffes.

L'ampleur du Pallium n'étoit pas limitée. Les Magistrats et les personnes d'un rang distingué le portoient très-ample. En général l'ampleur de ce manteau annonçoit une affectation de faste. Archippus reprochoit au fils d'Alcibiade de marcher comme un efféminé, le Pallium traînant, et de tâcher, en ce point, de ressembler à son père qui se promenoit dans les places publiques, en laissant traîner à terre un long manteau de pourpre. Plutarque, qui cite ce trait, nous apprend encore qu'il étoit d'usage et même de la bienséance de marcher dans les rues les mains enfermées dans son manteau.

Nous avons examiné, avec une très-grande attention, les statues et les monumens antiques, afin d'y chercher les ornemens et accessoires qui auroient pu être particulièrement attachés au Pallium, et nous n'avons trouvé sur chacune d'elles autres choses que les quatre petites houpes ou glands, dont nous avons parlé plus haut, et qui s'attachoient aux quatre angles de ce manteau. Pline (Livre XXXV, chap. ix, page 691) dit que Zeuxis d'Héraclée portoit un Pallium sur lequel son nom étoit écrit en lettres d'or. Pour que son nom fût toujours en évidence, il falloit que ce Peintre eût renoncé à l'avantage de varier le mouvement et les plis de son vêtement , et qu'il le portât toujours de la même manière ; ce qui peut être présumé , car la vanité mène à tout , et se soumet aux formes les plus minutieuses. On connoît d'ailleurs l'extrême opulence et l'excessif orgueil de Zeuxis qui , sur la fin de sa vie , faisoit présent de ses tableaux à ceux qui lui rendoient visite , sous prétexte que , quand il auroit fermé les yeux , il ne se trouveroit personne dans la Grèce qui fût en état de les payer leur vraie valeur. Ce nom écrit en lettres d'or sur un Pallium a fait faire , par Carlo Dati , de laborieuses recherches sur la façon dont il pouvoit être placé assez évidemment pour être reconnu et lu avec facilité. Pour s'en assurer, il suffit de considérer comment le Pallium se pose sur une figure. La partie circulaire se trouve toujours sur le devant ; ainsi il n'y a point de doute que ce ne fût sur cette partie circulaire que le nom étoit brodé. Sur la figure d'Oreste , il se trouveroit sur le bord du pli qui sort de dessous le bras droit pour aller reposer sur le gauche. On connoît d'ailleurs une superbe figure de Sardanapale. Le nom de ce Roi est écrit sur le bord du manteau dont la figure est revêtue. Nous la ferons graver lorsque nous parlerons des Rois d'Orient , et elle viendra à l'appui de tout ce que nous avons avancé.

Après avoir parlé du Costume d'Oreste , et fait connoître , par tous les détails que nous avons reconnus vrais et clairs , la forme du manteau qu'il porte comme Ambassadeur des Grecs, il faut que nous parlions du personnage, de son caractère , de sa situation , et de l'effet qu'il doit produire dans la Tragédie d'Andromaque.

Pour bien développer le caractère d'Oreste , il suffit d'observer comment Racine le fait parler dans la première Scène du premier Acte. C'est-là qu'est tout le germe du rôle et de la part intéressante et tragique qu'il doit avoir dans l'action.

Tout Comédien intelligent qui voudra méditer cette Scène

avec attention, y trouvera les moyens de développement qui conviennent au caractère que Racine a donné à Oreste dans Andromaque, et connoîtra à quel effet il a destiné son personnage. Dans toute la Pièce il se présente par ce qu'il fait, comme il s'expose dans cette Scène par ses discours : emporté par le courroux, assez fier pour se proposer de vaincre sa colère ; assez courageux pour travailler à la dompter, ainsi que son amour ; assez égaré par les mouvemens contradictoires d'une passion malheureuse et tourmentée, pour se tromper sur la véritable situation de son ame ; toujours esclave des derniers vœux de l'objet qui a enchaîné ses desirs, et toujours obéissant à l'empire qu'une femme a su prendre sur ses moindres volontés.

C'est sur ces principes que le célèbre le Kain, l'homme, avec Baron, le plus étonnant peut-être qui ait paru sur la Scène Françoise, représentoit et exprimoit le rôle d'Oreste. Jamais on n'y a offert un modèle plus parfait : ceux qui y ont vu cet illustre Comédien ne nous démentiront pas, et les personnes qui ne l'ont pas connu s'en convaincroient facilement, s'il nous étoit aussi facile de donner la tradition détaillée de son jeu savant et sublime, que nous sommes encore pénétrés de toute l'illusion qu'il produisoit. Il semble que nous le voyons encore dans la troisième Scène du cinquième Acte ; à cet instant où Oreste fait à la fille de Ménélas, qu'il est fier d'avoir servie, le récit de la mort de Pyrrhus. Nous n'oublierons jamais avec quel ton il répondoit à Hermione, quand elle traite le fils d'Agamemnon de perfide, de lâche et d'assassin.

> O Dieux ! Quoi ! ne m'avez-vous pas
> Vous-même —— ici —— tantôt ordonné son trépas ?

Comme, à cet instant, sa figure, d'abord animée par la passion et par les suites de l'évènement qu'il venoit d'annoncer, devenoit triste, étonnée, consternée ! Comme il y peignoit le retour d'un Héros sur lui-même, quand ses espérances

trahies

CLÉONE

trahies déchirent le voile qui lui cachoit la honte de l'action criminelle à laquelle il étoit descendu ! Comme l'immobilité de ses traits, sa stupeur, son silence se réunissoient pour marquer tout ce qui se passoit alors dans son ame ! Qu'elle étoit éloquente et vraie l'altération syllabique des premiers accens qu'il pouvoit proférer après le départ d'Hermione ! et comme elle préparoit avec autant d'art que de naturel cette aliénation absolue d'esprit, ces fureurs que produisent les remords profondément sentis qui terminent le rôle d'Oreste ! Enfin, comme dans ces fureurs même, la passion véhémente et terrible se peignoit encore en traits de flamme ! Voilà de ces beautés dont il est possible de parler avec admiration, dont on peut rappeller les mouvemens, mais dont on ne sauroit jamais détailler les couleurs et encore moins les nuances ; c'est au génie seul qu'il appartient de les créer et d'en offrir le tableau.

CLÉONE, CONFIDENTE D'HERMIONE,
dans la même Tragédie.

QUAND nous avons fait connoître le Costume d'Hermione, nous avons en même-temps donné la connoissance de celui de sa confidente Cléone. Le dessin que nous offrons ici pour ce dernier personnage, indique la manière d'attacher la tunique que nous avons décrite page 4. Cette tunique peut être de lin ou de coton. Les anciens se servoient de ces deux matières pour en composer les vêtemens des femmes. Sur tous les monumens antiques on peut remarquer que les habits du sexe sont plus légers, plus souples que ceux dont les hommes sont couverts. Dans les morceaux de Sculpture et de Peinture qui nous ont été transmis par l'antiquité, on reconnoît aisément la toile à sa transparence et aux petits plis des draperies. Ces draperies étoient employées par les Artistes sur toutes leurs

E

figures, moins parce qu'elles imitoient le linge mouillé dont ils couvroient leurs modèles, que parce que les anciens habitans de l'Attique et quelques autres peuples de la Grèce portoient des vêtemens de toile. Ils les employoient aussi pour marquer la justesse des proportions, dont ils étoient fort jaloux, et dont ils ont porté la connoissance au plus haut degré de perfection.

Peu de temps avant Hérodote et Thucydide, les Athéniens portoient encore des habits de lin. Dans la description de la peste d'Athènes, le second parle de tuniques faites de toile très-fine.

S'il est vrai que les anciens Statuaires aient mouillé leurs draperies pour modeler leurs figures, il n'est pourtant pas possible d'employer les mêmes moyens pour le Costume du Théâtre, et il seroit à-peu-près ridicule de s'y montrer sous les dehors d'une belle statue antique. Mais toute Actrice qui voudroit s'asservir rigoureusement au Costume, pourroit faire ôter l'apprêt de la toile qui formeroit ses vêtemens en les faisant froisser, après avoir eu la première attention de n'en prendre que de très-fines et d'un tissu très-délié. Il est de fait que chez les Anciens les toiles étoient beaucoup moins serrées que les nôtres : on peut s'en convaincre par l'inspection des momies, qui datent d'un temps fort reculé, et qu'on trouve encore enveloppées de bandes de lin très-beau, très-fin, mais dont le tissu est bien plus lâche que celui de nos toiles. D'ailleurs rien ne figure si mal que des vêtemens qui ne sont point encore assujettis aux formes du corps ; tous les plis en sont anguleux et rétifs. On sait fort bien aussi que les Anciens lavoient leurs vêtemens dans l'eau, et n'y mettoient pas l'apprêt qu'on a l'habitude d'appliquer aux nôtres. Les femmes alloient sur les bords des fleuves et des ruisseaux pour laver elles-mêmes leurs linges. Les filles des Rois ne dédaignoient pas de s'occuper de ce soin. Nausicaa, fille d'Alcinoüs, Roi des

Phéaciens que nous avons déja citée, lavoit ses robes avec les femmes de sa suite, lorsqu'Ulysse l'aborda après avoir été jetté sur les côtes de l'île de Corfou (1).

Une chose singulièrement remarquable, principalement pour les personnes de goût, c'est que depuis l'établissement des Théâtres en France, et sur-tout depuis qu'on a cherché à y rétablir la régularité du Costume, il ne se soit pas encore trouvé une Actrice qui ait voulu renoncer aux jupons, aux robes plissées, aux foureaux garnis de bouillons, de dentelles ou de franges, et qu'on les voie au contraire presque toutes continuer de retrousser leurs vêtemens avec des cordons et des glands, à-peu-près comme on relève les rideaux des alcoves ou des salons.

Il faut pourtant faire une exception qui est de toute justice en faveur de Mlle Saint-Huberti : on sait qu'il n'a pas dépendu d'elle qu'on introduisît sur la Scène lyrique le Costume exact non-seulement des Grecs, mais encore de tous les peuples du monde. On a vu une fois cette Actrice paroître dans un Ouvrage dont l'action se passe en Thessalie, vêtue d'une longue tunique de lin attachée sous le sein, les jambes nues, et chaussée d'un brodequin antique. De sa tête libre descendoient avec grace plusieurs nattes faites de ses cheveux qui jouoient sur ses épaules. Ce Costume neuf pour les Spectateurs, et aussi vrai qu'élégant, fut applaudi avec une sorte d'ivresse ; mais, malgré l'aveu du Public, malgré le suffrage des Artistes, il vint des ordres qu'on appella *ministériels*, qui défendirent à Mlle Saint-Huberti de reparoître sous ce beau Costume ; et à

---

(1) Corcyre ou Corfou, île de la mer Ionienne, avec une ville du même nom. Cette île est placée entre l'Epire et l'Italie, plus près de la première que de la seconde, et à l'entrée du golfe de Venise. Elle fut célèbre autrefois par la beauté des jardins qu'Alcinoüs cultivoit, ou plutôt par les merveilles qu'en a dites Homère. *Voyez l'Odyffée, Liv. VII.*

la seconde représentation de l'Ouvrage , elle fut obligée de se
remontrer avec l'attirail lourd et ridicule de nos coquettes et
de nos prudes. Il est vraisemblable que la liberté étant rendue.
aux François , elle le sera également aux Arts , et que désormais aucun ordre , quel qu'il soit , ne pourra empêcher de
suivre les modèles que nous offrirons , toutes les fois sur-tout
qu'on aura l'attention de concilier la décence avec la vérité.
Une Actrice qui prendroit la résolution de paroître sur la Scène
avec le Costume exact des femmes Grecques ou Romaines ,
exciteroit très-certainement les applaudissemens les plus uni-
versels. Il résulteroit de ce premier encouragement un certain
esprit de confiance qui ne pourroit que jetter du feu et de la
vie dans tout le cours de son rôle , par conséquent se communiquer à tout l'Ouvrage. Les Auteurs et le Public y gagne-
roient , les uns d'être bien représentés , l'autre d'avoir des
jouissances plus vives. Observons encore que les vêtemens
antiques donnent aux mouvemens , aux attitudes , à la démarche,
une liberté et des graces qui sont absolument enveloppées par
les nôtres : ainsi tout concourt à faire sentir la nécessité de la
régénération et de l'exacte observation du Costume.

Revenons à Cléone. Nous ne lui avons donné qu'une simple
tunique ; d'abord , parce que les Spartiates ne portoient qu'un
seul vêtement (1) ; ensuite , parce que les esclaves et générale-
lement toutes les personnes de service chez les Grecs , et même
chez les Romains n'étoient vêtues que de la simple tunique.
Pour les hommes , elle étoit sans manches , on l'appelloit
Exonide. Il ne paroît pas qu'il y ait eu de marques distinctives
pour la tunique des femmes , si ce n'est le plus ou moins
d'étoffe qu'on employoit dans la formation de ces vêtemens.

Winckelmann rapporte que pour conserver, sous cette tunique,

---

(1) *Voyez* Plutarque , *Vie de Lycurgue* , Tome I , page 92 , Traduction
d'Amyot.

leur gorge toujours belle , ferme et soutenue , comme on le remarque dans toutes les statues , les femmes portoient sur la chair même une espèce de ceinture qui contribuoit à la conserver. Cette ceinture ou bande s'appelloit *strophium*. C'est ainsi du moins que les Commentateurs de Plaute (*Aululaire* , Acte III , Scène V,) ont nommé une bande , avec laquelle les jeunes personnes soutenoient leur sein et se serroient la taille. On connoît une figure tragique , qui se trouve sur une urne sépulcrale des galeries du Capitole , et que l'on peut prendre pour la Muse de la Tragédie. Cette figure, coëffée d'un masque tragique , et négligemment appuyée sur son genou , porte une bande sous le sein : mais cette bande est fort large , elle est placée sur la tunique, seul vêtement de la figure ; elle est serrée deux fois autour du corps , et par-devant , sur l'abdomen , retombe un grand morceau assez large , au bout duquel est une petite boule en forme de gland. En consultant M. de Caylus , Tome VI , Planche LXXI , fig. 3 , Planche LXXII , fig. 4 , on trouvera deux petites figures qui placent cette bande immédiatement sur le corps. Elle est plus étroite que dans la figure tragique que nous avons citée. Winckelmann , Histoire de l'Art , Tome I , fo¹. 335 , appelle ce *strophium*, ZONA : cependant la *zona* étoit une ceinture ordinaire. Au reste, quelqu'ait été son nom, cette ceinture a existé : on peut la remarquer dans la figure de Cléone que nous joignons ici , et que nous avons exprès composée à l'instant où elle termine sa toilette. Dans le fond de ce dessin paroît un pied-de-lit , autour duquel est placée une cloison qui étoit d'usage chez les Anciens. On en peut acquérir la preuve sur un fragment de bas-relief qui représente Anacréon , et que Buonarotti a rapporté dans son Recueil de médailles : on peut encore consulter le tableau des amours d'Hélène et de Pâris , que M. David a exposé au Salon de Peinture en 1789. Sur cette cloison est rejettée une draperie légère dont les Anciens entouroient leurs lits , et que les Grecs appelloient *canopé*, parce qu'elle servoit à garantir de la piqûre des insectes. Les lits étoient, pour l'ordinaire, placés contre ou vers les murailles : l'Ecriture en fait foi. Le Roi Ezéchias ayant oui la voix qui lui prédisoit sa mort prochaine, se tourna vers la muraille pour pleurer. (Liv. des Rois, chap. xx, ỿ. 2.) Il est encore prouvé qu'on couvroit les lits de draperies précieuses, et quelquefois de vêtemens (1). Achille fit donner à Priam des klenes pour se couvrir, lorsque ce malheureux Roi vint la nuit dans sa tente pour demander à genoux le corps de son fils Hector. La klene étoit un manteau de guerre fourré ou très-épais. Le siège sur lequel Cléone est assise est pris de Raphaël, et le pied de la table qui est devant elle est pris de Polydore de Caravage. Le dessin original est au cabinet des Estampes de la Bibliothèque du Roi. Le Volume dans lequel on le trouve est intitulé, *Cabinet de Peresc*, et n'est composé que des dessins des plus grands Maîtres.

PHÉNIX, dans la même Tragédie.

Ce personnage est assez important, comme confident actif et principal, comme modèle à présenter dans les rôles de cet emploi, pour qu'on ne trouve pas mauvais que nous nous occupions à son sujet de quelques réflexions dramatiques, avant de nous occuper de son Costume.

Les confidens ordinaires de nos Tragédies sont des personnages surabondans, simples témoins des sentimens et des projets des principaux personnages. Tout leur emploi est ou de s'effrayer ou de s'attendrir sur ce qu'on leur confie et sur ce qui

------

(1) *Proverbes de Salomon*, chap. vij, ỿ. 16. « J'ai suspendu mon lit, & je » l'ai garni de couvertures d'Egypte en broderies »; ỿ. 17, « je l'ai parfumé » de myrrhe, d'aloës & de cynnamome ».

PHÉNIX

se passe. A quelques discours près qu'ils sèment dans la Pièce, plutôt pour laisser aux Héros le temps de respirer, que pour un autre objet d'utilité, ils n'ont pas plus de part à l'action que nos Spectateurs. Il suit de-là que plus une Pièce comprend de confidens, plus sa marche est lente, plus l'intérêt traîne, et plus on y trouve facilement de froideur et d'ennui. Si, comme on le voit dans plusieurs Tragédies, il y a quatre personnages agissans, autant de Confidens et de Confidentes, il y aura la moitié des Scènes en pure perte pour l'action, qui n'y sera remplacée que par des plaintes plus élégiaques que dramatiques ; mais il ne faut rien confondre. Il y a des personnages qui sont, pour ainsi dire, demi-confidens et demi-acteurs. Tel est Phénix dans Andromaque. Telle est encore Œnone dans Phèdre. Phénix, par son autorité de Gouverneur de Pyrrhus, maîtrise quelquefois l'impétuosité du fils d'Achille ; et, par le ton imposant qu'il peut prendre avec lui, contribue beaucoup à l'effet des Scènes que Racine a filées entre ces deux personnages. Œnone, par une tendresse aveugle et jusqu'à un certain point excusable dans une Nourrice, éloigne Phèdre du projet de se dérober au crime par la mort. Quand le crime est ou commis ou commencé, elle prend sur elle d'en accuser Hippolyte ; ce qui, par la nature de l'accusation, par le premier effet qu'elle produit, par les résultats qu'elle annonce, fait devenir Œnone un personnage du premier ordre. Voilà comme le génie sait tout rendre utile, tout relever ; voilà comme sous sa main les figures secondaires produisent à leurs places des oppositions qui embellissent l'ensemble du tableau, en ajoutant au mouvement général.

Les Confidens, qui ne sont que des Confidens, sont toujours des personnages froids, quelquefois tristes. Il faut pourtant convenir qu'il est des circonstances où il est bien difficile que le poëte s'en passe. Quand, par exemple, il faut instruire le Spectateur des desseins divers, des sentimens cachés d'un personnage , qui , par la constitution de la Pièce, ne peut ni ne doit ouvrir son cœur aux autres Acteurs principaux , c'est le Confident qui alors remédie à l'inconvénient ; il est le prétexte dont se sert l'Auteur pour instruire le Spectateur de ce qu'il est nécessaire de lui apprendre. L'Art consiste à établir un Ouvrage dramatique , de manière que les Confidens agissent un peu , et qu'ils soient animés de quelque passion personnelle qui influe sur les résolutions que prennent les Acteurs dominans. On peut juger de cette vérité par l'effet que produit Narcisse dans sa Scène avec Néron, à la fin du quatrième Acte de Britannicus. Le perfide Affranchi a besoin de la mort de Britannicus et de l'humiliation d'Agrippine pour parvenir à s'élever ; la passion qui le domine attaque celle de Néron; et Narcisse , en anéantissant tout ce qu'à fait Burrhus , devient un personnage plus marqué dans sa position, qu'Œnone dans la sienne. Néarque, dans Polyeucte , montre encore comment un Confident peut être nécessaire. Fanie , dans le quatrième Acte de Tancrède , enseigne comment il peut donner lieu à de beaux mouvemens. Nous pourrions étendre davantage ces idées qui sont d'autant moins déplacées dans notre Ouvrage, qu'il est destiné non‑seulement à des Recherches sur les Costumes , mais encore à des Recherches sur les Théâtres de toutes les Nations ; néanmoins nous ne leur donnons que l'extension qui nous paroît indispensable pour rappeller de grands principes qui sont connus sans doute , mais qui sont aussi trop négligés. Nous croyons pourtant devoir faire obser‑ ver ici, afin de ne plus revenir sur l'emploi des Confidens, qu'il y a un grand art, dont Racine a donné les premières leçons , celui de charger le confident d'un crime qui aviliroit le principal personnage. C'est ainsi qu'Œnone sauve à Phèdre l'odieux de l'accusation d'Hippolyte ; que, dans Mahomet, Omar donne à l'Imposteur sublime l'idée de faire assassiner Zopire. Cette nuance de perfection ne pouvoit être imaginée que

par

par un homme d'un goût exquis , et qui éprouvât le sentiment
des Arts dans toute leur pureté comme dans toute leur délicatesse.
Quittons ces détails auxquels a naturellement donné lieu le personnage de Phénix , et occupons-nous de lui particulièrement.

Phénix étoit fils d'Amyntor , non de cet Amyntor Roi , Chef
ou Général des Dolopes (peuple d'Epire , que Pyrrhus conduisit au siège de Troie) , qui fut tué par Hercule , auquel
il avoit refusé le passage par ses Etats , et dont parle Ovide ,
Liv. VIII de ses Métamorphoses ; mais d'un autre Amyntor ,
dont la patrie étoit Hella , qui fut aussi celle de Phénix. Il fut
obligé de fuir sa ville natale , après avoir encouru la disgrace
de son père. Une des concubines d'Amyntor s'étant enflammée
du plus ardent amour pour le jeune Phénix , et n'ayant pu
le faire condescendre à ses desirs., l'accusa auprès de son père
d'avoir voulu attenter à son honneur : artifice commun à un
grand nombre de femmes, dont l'Ecriture , la Fable et l'Histoire
donnent des exemples multipliés , et qui , par une suite de la
foiblesse et de la crédulité que la jalousie imprime au cœur de
l'homme , sur-tout dans un âge avancé , est encore aujourd'hui
susceptible de produire les plus violens effets. « Amyntor, dans
» le mouvement de sa fureur jalouse , accabla son malheureux
» fils des imprécations les plus horribles ; et invoquant les
» terribles Furies , il les conjura de ne pas souffrir que Phénix
» pût asseoir sur ses genoux un fils sorti de lui ». (Voyez
Homère.) Non content de ce vœu qui fait frémir , sur-tout
quand il est articulé par un père , Amyntor fit , dit-on , crever
les yeux à Phénix ; mais il fut guéri par Chiron le Centaure ,
qui lui confia la conduite du jeune Achille son Elève , et
l'envoya au siège de Troie avec lui. Furgault , page 412 ,
première colonne de son Dictionnaire Géographique et Mytho-
logique, dit, d'après Homère ; Liv. IX de l'Iliade, que Phénix
ayant violé une concubine de son père, s'enfuit en Thessalie
auprès du Roi, qui lui confia le commandement des Dolopes,

F

et le nomma Gouverneur de son fils Achille, après avoir acquis des preuves de sa sagesse et de son savoir. On n'ignore pas que c'est à Phénix qu'on a attribué l'invention des lettres grecques. Il ajoute que Phénix suivit Achille au siège de Troie, où il devint aveugle.

On ne voit pas aisément comment Pélée a pu prendre pour un homme sage celui qui, dans le sein même de la maison de son père, avoit commis un des forfaits dont la société a le plus à rougir et à se plaindre. Il est vrai que Pélée, qui avoit lui-même forcé la Nymphe Thétis à répondre à ses desirs, ne devoit pas être d'une grande sévérité avec un homme qui avoit commis la même faute que lui, et que l'on soupçonnoit encore de s'y être laissé entraîner par les conseils d'une mère jalouse, qui vouloit se venger de l'incurable négligence d'un époux ingrat et libertin. (Voyez Tome V, des Mémoires de l'Académie des Inscriptions et Belles-Lettres.) Quoi qu'il en soit, Racine s'en est servi comme d'un homme sage, sans adopter la tradition qui lui avoit fait crever les yeux, ni celle qui l'avoit rendu aveugle pendant le cours du siège de Troie. Quant au caractère qu'il lui a donné, il est évidemment puisé dans Homère : souplesse, adresse, prudence, l'art de laisser à l'essor des premiers mouvemens de ceux dont il veut régler la conduite ou réprimer les sentimens, la vivacité nécessaire à les atténuer, et de se saisir de leur esprit au moment même où l'instant préparé de s'en rendre le maître est arrivé. C'est ainsi qu'il se conduit avec Achille, lorsqu'il est député vers lui par Agamemnon, et c'est ainsi qu'il agit avec Pyrrhus dans la Tragédie d'Andromaque.

Phénix doit être fort âgé dans cette Tragédie, car étant encore Gouverneur d'Achille au siège de Troie, il est appellé *Vieillard*. Homère dit, Chant IX de l'Iliade (Traduction de Bitaubé) : « Patrocle ordonne aux siens et aux captives de pré- » parer à l'instant une couche pour Phénix. Dociles à ses ordres,

» ils étendent à terre des peaux et un tapis de pourpre , et le
» lin le plus doux. Là le vieillard repose. »

Dans le dessin que nous donnons ici du Costume qui doit
être propre à Phénix, nous avons placé le pallium également sur
les deux épaules , quoique le plus généralement ce manteau se
mette sur l'épaule gauche , ainsi que nous l'avons dit à l'article
d'Oreste. Un nombre très-considérable de statues et de bas-
reliefs antiques offre l'exemple que la ligne des plis qui descend
obliquement sur le dos, de l'épaule gauche sous le bras droit,
étoit relevée sur l'épaule droite , et enveloppoit quelquefois
non-seulement tout le bras , mais encore toute la partie de
l'estomac , en venant se joindre aux autres plis qui remon-
toient de dessous le bras droit sur l'épaule gauche , qu'on
nommoit *baltus*. Ce n'est pas que ce manteau dût absolument
former le *baltus*, l'*umbo* & le *sinus* , comme à la toge romaine,
quoiqu'il soit constant que la manière d'agencer la toge sur
le corps ait été prise d'après celle que les Grecs donnoient au
pallium ; mais cela démontre , comme il est dit à l'article
Pallium , que cet habillement varioit à l'infini dans la manière
d'être agencé.

Quand il faisoit froid, quand il pleuvoit , ou pour raison
de santé , on relevoit le centre de la ligne oblique dont nous
venons de parler , pour en couvrir la tête. On en voit une
preuve sur une figure du vieux Priam , baisant la main d'Achille,
en lui redemandant le corps du Héros de Troie, dans un bas-
relief de la *Villa Borghese* , rapporté par Winckelmann dans les
Monumenti inediti. On en voit encore d'autres exemples dans le
beau bas-relief de la *Villa Medicis*. Malheureusement les têtes des
figures qui composent ce chef-d'œuvre sont en partie tombées.
Sur l'une d'elles on remarque que le manteau est un peu amené
sur l'épaule droite. On sait que, par principe de modestie , les
jeunes gens portoient ainsi leurs manteaux ; aussi cette figure
est-elle jeune. La seconde a le bras entièrement couvert,

ainsi que la tête ; et la troisieme qui , en grande partie , nous a servi de modèle pour le dessin que nous joignons à ce cahier, a le bras et l'avant-bras entièrement enveloppés du manteau.

Nous avons dessiné une broderie sur le pallium de Phénix. Nous avons pourtant dit que sur les monumens antiques on n'observoit point à ce manteau d'autres ornemens ni d'autres accessoires que les quatre petites houpes que l'on attache aux angles , et que nous avons indiquées dans la figure représentative des coupes vraies ou présumées du pallium : mais nous observerons qu'au Théâtre on peut se permettre de les broder quelquefois , pour donner au Costume plus de richesse , plus de variété , pourvu que les broderies soient d'un dessin antique et de bon goût. Ce qui doit faire présumer que , sans blesser les principes du Costume , on peut orner les vêtemens de Phénix et ceux de tous les Grecs qui ont vécu au temps du siège de Troie , c'est que tous les Héros dont parle Homère s'emparent tour-à-tour des vêtemens et des armes de ceux qu'ils ont terrassés , et qu'ils s'en décorent comme d'une épée de trophée. Hector se couvre de l'armure d'Achille après l'avoir ravie à Patrocle : le terrible Diomède arrache la vie aux fils de Mérops , célèbre devin de la Troade , et il se revêt de leurs armes. Or les Phrygiens ont été les inventeurs des broderies. Apulée (Métam. Tome II , fol. 293) donne à Pâris un manteau brodé de différentes couleurs à la manière des Barbares , manière que Virgile appelle Phrygienne , en parlant du manteau d'Hélène qu'il dit brodé en feuilles d'acanthe. Ainsi il n'en faut pas davantage pour autoriser les Artistes à orner les vainqueurs de quelques-uns des usages des vaincus : nous observerons seulement qu'il faut toujours être sobre de ces ornemens , et prendre garde d'en abuser.

P. Chéry inv. et del.

P. M. Alix Sculp.

CÉPHISE

CÉPHISE, dans la même Tragédie.

CÉPHISE est un de ces personnages qui offrent peu de chose à dire relativement au Costume. Nous allons reprendre quelques articles d'Andromaque, dont Céphise est la Confidente, parce qu'ils ont des points de rapport avec le vêtement convenable à cette Confidente. Nous dirons d'abord que nous ne connoissons aucun Auteur qui ait dit que les esclaves portassent le deuil de leurs maîtres, encore moins que les femmes de la suite d'une Princesse se conformassent à celui qu'elle portoit : mais comme il existe en tout des convenances, et qu'en tout l'harmonie ne peut produire qu'un très-bon effet, et que même il pourroit paroître ridicule au Théâtre, que Céphise fût revêtue d'habits de couleurs tranchantes à côté d'Andromaque dont le vêtement est triste et sombre, nous avons cru qu'il étoit nécessaire de la vêtir dans le même genre, à cela près que sa parure est moins négligée, parce qu'elle doit nécessairement avoir moins de douleur, par conséquent moins d'abandon que la veuve d'Hector.

Céphise porte, comme Andromaque, la tunique à longues manches, par-dessus un *ricinium* ou *peplum*, et ce long voile que nous avons nommé *teristron*, et qu'on appelloit également *velamen* (1) et *cyclas*. Elle porte de la main droite une patère sur laquelle est une petite fiole remplie d'huile. Les anciens avoient coutume, lorsqu'ils consultoient les mânes, de frotter d'huile jusqu'aux colonnes des tombeaux où les morts étoient renfermés, et de les parfumer d'essences. (Voyez Plutarque, Hommes illustres, Tome III, fol. 394.) Ils y faisoient aussi

______

(1) Abimelec donna mille pièces à Abraham pour acheter un voile (*velamen*), afin que Sara l'eût toujours sur les yeux. *Genèse*, chap. xx, ℣. 16. —— Virgile parle du velamen, ouvrage d'Hélène. *Enéide*, Livre I, V. 653. —— Servius appelle ce *velamen* CYCLAS.

des libations de lait et de vin. Céphise est dans le mouvement de suivre Andromaque dans le bois, où cette infortunée princesse avoit, de ses propres mains, élevé un tombeau de gazon aux mânes de son illustre époux. Derrière Céphise est la ville de Butrote, et une statue de Mercure que les Grecs appelloient *Hermès.* Ils élevoient en l'honneur de ce Dieu des statues de pierres quarrées, au haut desquelles on ne voyoit qu'une tête. On les plaçoit dans des carrefours, dans les lieux où le chemin se divisoit en plusieurs voies de distance en distance : on voyoit auprès de ces statues des monceaux de pierres qu'on appelloit *Acervi mercuriales,* parce que les voyageurs mettoient en passant une pierre sur le tas déja commencé en l'honneur de Mercure. (Voyez Homère, Horace, Virgile, Ovide, etc.)

Revenons à la description du vêtement de Céphise. La tunique, qui est à longues manches, étoit nommée par les Romains *Stola.* Tous les peuples de l'Orient la portoient, comme le prouvent la plupart des monumens. Les ruines de Persépolis, les médailles des Abgares d'Edesse, quoique d'un travail très-grossier, le démontrent évidemment. Sur la belle figure de Pâris du Palais Altemps, qui rassemble tout l'habillement des Phrygiens, la tunique a de longues manches. Dans un bas-relief de la *Villa Borghese,* où Penthésilée, Reine des Amazones, vient offrir des secours à Priam, ce Roi et les personnages de sa suite portent tous des tuniques dont les manches sont serrées sur le poignet, comme on le voit dans le dessin joint à cet article.

Notre intention étant de travailler de manière à rapporter tout au vrai, nous avons ajouté à ce cahier une Planche gravée en noir, où nous avons rassemblé six figures de diverses Nations. Cette précaution convaincra que nous ne voulons nous appuyer que sur des autorités incontestables, et que nous nous sommes fait une loi expresse de n'en imposer à personne, pas même à l'ignorance. Nous avons porté le scrupule jusqu'à imiter dans la plus grande exactitude, les différens styles des

Pag. 46.

(47)

figures que nous rapportons. On peut s'en convaincre par l'inspection de notre Planche noire, où la figure numerotée 3 montre infiniment moins de roideur, et une conduite de plis qu'on ne retrouve pas dans celles des N° 2 et 4, qui sont Lydienne et Etrusque. Nous présentons la figure posée en statue N° 1, comme celle d'une femme Phrygienne. En effet elle porte le *corno*, coëffure distinctive des Phrygiens, ainsi qu'on peut le voir aux figures 5 et 6 de la même Planche. La figure N° 2 est celle d'Omphale, fille d'un Jardanus, usurpateur du Trône de Lydie, qui lui laissa en mourant les rènes du gouvernement, qu'elle eut l'adresse de conserver (1). Tout le monde sait pourtant que cette Princesse est plus fameuse par l'amour qu'elle inspira à Hercule, que par la manière dont elle régna. Il est aisé de voir, malgré le voile qui couvre cette figure, que ses manches descendent jusqu'aux poignets. Celle qui tient une lyre, N° 4, est Etrusque ; ses manches sont également longues. On n'ignore pas que les habitans de l'Etrurie étoient Lydiens d'origine. Ils descendoient des Grecs Ioniens qui d'abord habitèrent la Grèce propre sous le nom de Pélasges, ainsi nommés de Pélasgus, fils de Jupiter, et qui sous la conduite de leur Roi Thyrrhène (2) viennent s'unir aux Aborigènes ou *Tusci* (de *Tusci* est venu Toscan), et chassèrent les habitans de l'Ombrie, peuple le plus ancien de l'Italie, qui ne redescendirent des montagnes de l'Apennin, où ils s'étoient retirés, qu'après que les Romains eurent anéanti ces Nations, vers l'an de Rome 430. Voyez Tite-Live, Livre V ; Polybe, Livre II ; Strabon, Livre V ; Denys d'Halycarnasse, Livre I.

(1) Voyez Mémoires de l'Académie des Inscriptions, Tome V ; l'Histoire des Rois de Lydie, page 231 — 72.

(2) Denys d'Halycarnasse prétend que les Pélasges furent appellés Tyrrhéniens du pays qu'ils avoient habité, et non du chef qui les fit sortir de la Grèce. Il n'entre pas dans notre plan de débrouiller cet incident historique : il nous suffit de citer les diverses opinions.

A ces figures, nous en avons ajouté une troisième, celle numérotée 3. Elle est tirée de la colonne Antonine, et dessinée à faire voir le rapport qui existe entre les vêtemens des femmes de Germanie, d'Etrurie, de Lydie et de Phrygie. Cette femme est Germaine ; conduite en esclavage ; elle a les cheveux déliés et flottans sur les épaules, preuve de cet abandon qui est la marque la plus certaine du deuil et de la douleur profonde. Nous avons parlé, à l'article d'Andromaque, de cet abandon commun chez les anciens dans toutes les sortes de calamités. En voici quelques exemples tirés des *Cœphores* et des *Suppliantes*, Tragédies d'Eschyle.

Acte premier, Scène première des *Cœphores*, Oreste dit à Pylade : « Que vois-je ! où vont ces femmes vêtues de noir !
» quel est le sujet d'un si grand deuil ! la Maison Royale
» a-t-elle fait de nouvelles pertes ? veulent-elles appaiser par des
» offrandes l'ombre irritée d'Agamemnon ? c'est sans doute leur
» dessein. J'apperçois Electre ma sœur ; elle pleure ! O Jupiter!
» que je puisse venger mon père »! A la Scène seconde du même Acte, un Chœur de femmes vêtues en noir s'exprime en ces termes : « Nous sommes envoyées ici avec des présens.
» Nos joues ensanglantées, nos voiles traînans, nos vêtemens
» déchirés expriment assez nos douleurs ».

Acte premier, Scène première des Suppliantes (1), les Danaïdes disent : « Nos joues déchirées portent les marques du désespoir:
» nos cœurs ne se nourrissent que de larmes...., Je t'implore
» ô Terre étrangère ! tu nous entends ; vois ces vêtemens

(1.) Quand les Suppliantes avoient ceint leurs têtes de ce bandeau, elles devenoient sacrées. — L'action des Suppliantes, et la manière dont Danaüs y parle, feroit croire qu'au temps d'Eschyle on ne connoissoit pas encore cette Tradition qui fit arriver Danaüs (ou Armaïs) chez les Pélasges, où il disputa à Pélasgus le Trône d'Argos, sur lequel il prétendit avoir des droits qui furent reconnus par le peuple de cette contrée. C'est de-là que les Pélasges ont été appellés *Danaï*.

déchirés

déchirés et les bandeaux qui sont autour de nos têtes.... Si nos vœux sont perdus ..... ces bandeaux sacrés termineront notre vie et nos disgraces ». Nous pourrions faire encore d'autres citations capables d'appuyer les principes que nous adoptons ; mais nous croyons avoir donné des preuves suffisantes de nos recherches, de notre bonne foi, et nous nous arrêtons.

Il résulte de tout ce qu'on vient de lire, que le Costume dont nous avons revêtu Céphise est composé d'après divers monumens. Son *ricinium* ou *peplum* n'est point fendu sur les côtés, c'est-à-dire que les deux pièces qui, comme dans la figure d'Hermione, couvrent l'estomac et le dos, sont ici réunies en une seule. Par-dessus est la ceinture, à l'exemple de la figure 6, petit Berger Phrygien, tiré de Montfaucon. On en voit d'autres exemples dans Caylus et d'autres Antiquaires, comme le prouve la figure 4. Ce ricinium couvre la moitié de la partie supérieure des bras, ainsi que dans les figures 5, 6 et 3. Quoique celle-ci soit Germaine, on apperçoit une petite échancrure au milieu de son vêtement, comme on la remarque sur beaucoup de figures Phrygiennes, telles que le Pâris du Palais Altemps, etc. Le ricinium de Céphise descend aussi plus bas que celui d'Hermione, comme on s'y est autorisé par la figure 4, gravée sur la Planche noire.

Son *Teristron*, *velamen* ou *cyclas*, est de couleur noire. Il doit être extrêmement léger, à l'exemple de celui qu'on distingue sur la figure Lydienne, N° 2. La Lydie étoit limitrophe de la Phrygie, et placée au Midi de cette Province : d'ailleurs cette espèce de vêtement étoit particulière aux Phrygiens. Agamemnon, dans Hécube, Tragédie d'Euripide, demande à cette Reine quel est le corps qu'il apperçoit, en lui indiquant son fils Polydore, dont le cadavre est étendu sur la terre. « Ce ne peut, dit-il, » être un Grec, puisque son corps est couvert d'un vêtement » léger ». Il n'est pas ici question du linceul dans lequel on avoit coutume d'ensevelir les morts, mais d'un vêtement par-

G

ticulier aux Phrygiens, dit Winckelmann. D'ailleurs il est encore
aisé de remarquer qu'à la figure de notre Planche noire,
N° 5, figure tirée du dessous d'un vase trouvé dans le tombeau d'Alexandre Sévère, le corno est couvert d'un voile
très-léger qui forme plusieurs petits plis très-minces, ce qu'on
ne retrouve pas sur d'autres Statues. Voyez les figures 6 et 1.

Nous n'avons point donné le corno aux figures d'Andromaque et de Céphise, parce que cet ajustement a un ton qui,
à la Scène, sembleroit très-bisarre. Il paroît pourtant et par
la Statue antique, N° 1, de la Planche noire, et par ce que
dit Virgile, Liv. IX, vers 616, en faisant reprocher par
Numanus aux Troyens qu'ils ressemblent à des femmes par
leurs vêtemens, et que leur mitre est ornée de rubans (1),
que le corno étoit particulier aux femmes ainsi qu'aux hommes.
Mais de quelque manière qu'il fût ajusté, il ne pourroit jamais
produire un bon effet sur la tête des personnages principaux.
D'ailleurs un bas-relief de la *Villa Borghese*, où Priam est
représenté redemandant, aux pieds d'Achille, le corps de son
fils Hector, nous a servi d'exemple, et nous servira d'excuse
auprès des personnes qui pourroient desirer qu'on suivît à la
rigueur le Costume propre à une Nation, tant sur les figures
principales que sur les figures accessoires. Dans le bas-relief
dont nous parlons, l'habile Artiste a supprimé sur la figure
de Priam le corno et les anaxyrides, autre vêtement particulier aux Phrygiens, et que nous avons laissé aux figures
d'Andromaque et de Céphise, parce qu'il est plus facile de
le conserver au Théâtre que le corno. Les anaxyrides étoient
une espèce de pantalon fort ample ; nous aurons par la
suite occasion d'en parler. Nous avons soupçonné d'avance
que jamais les femmes de Théâtre ne s'assujettiroient à se

____

(1) Voyez la figure, N° 6, de la Planche noire, qui porte en effet un
bandeau sur le front pour retenir ses cheveux.

PYLADE

coëffer d'un bonnet qui tient de la forme d'un pain de sucre, dont la pointe se recourbe en avant ; et nous sommes d'autant plus éloignés de blâmer leur répugnance sur cet objet, que nous doutons même que, dans un Tableau, le corno placé sur la tête d'une femme ne produisît pas un effet ridicule. La sévérité, la plus scrupuleusement observée, a des bornes qui lui font indispensablement fixées par l'art et par le goût : il faut qu'elle s'y arrête.

PYLADE, dans la même Tragédie.

PYLADE étoit fils de Strophius, Roi de la Phocide, Province de l'Achaïe. On sait qu'Oreste ayant été élevé à la Cour de Strophius, il se forma entre les deux jeunes Princes une liaison intime qu'on cite encore aujourd'hui avec complaisance : on sait aussi que, dans tout le cours de la vie d'Oreste, Pylade s'est montré auprès de lui comme le Héros de l'amitié.

On ne connoît point dans l'Antiquité de figure capitale qui ait été consacrée à ce Personnage. Dans le bas-relief d'un sarcophage du palais Accoramboni, on en voit une qui le représente les mains liées derrière le dos, et marchant avec Oreste, vers l'autel où les deux amis doivent être immolés par Iphigénie, devenue grande Prêtresse de Diane dans la Tauride. Il est encore offert dans la même situation dans une peinture antique qui représente le même sujet, et qui est rapportée dans le Voyage de Naples, N°. 204 ; comme le bas-relief dont nous avons parlé l'est dans les *Monumenti inediti*, Livre IV, chap. 1er. Ces deux figures sont parfaitement nues, à l'exception d'un petit manteau qui est jetté sur l'épaule gauche d'une manière fort négligée. Il nous faudra donc avoir recours à d'autres figures antiques, afin d'autoriser le Costume de Pylade. Nous choisissons pour cela les figures de Zéthus et d'Amphion qu'on trouve sur un bas-relief que nous avons déjà cité, et dont nous avons tiré ou imité le dessin d'Andromaque. Nous aurons plus d'une occasion, dans le cours de cet Ouvrage, de citer ce monument comme autorité.

Nous avons donné à Pylade le manteau qu'on appelle *Pallium*, la tunique retroussée et la double ceinture, nous appuyant en cela sur un grand nombre de monumens où sont représentées des figures d'Hommes Grecs, et notamment celles de Zéthus et d'Amphion.

Cette tunique étoit d'un lin très-fin, ou de coton (*Byssus*), qui est encore aujourd'hui considéré comme ayant été autrefois le plus fin lin, et que quelques Observateurs ont confondu avec la soie, à cause de la délicatesse de son tissu. dom Calmet, au verset IV, chap. XXV de l'Exode, entre dans un grand détail sur ces matières. La tunique se retroussoit ainsi quand elle étoit de l'espèce de celles qu'on appelloit *Talaris*, ou autrement *Stola*. Sans le secours de la double ceinture, elle descendoit plus bas que les genoux ; avec une seule ceinture, la chute des plis s'étendoit et se faisoit sentir davantage, comme nous le ferons voir quelquefois en citant d'autres Statues antiques ; mais cette seconde manière a beaucoup moins de grace, et il vaut mieux, pour l'effet pittoresque, que la tunique n'ait pas l'ampleur de la *Stola*, qui, comme nous l'avons dit déjà, descendoit jusqu'aux pieds. Ce vêtement étoit affecté aux personnes de qualité ; on le retroussoit lorsqu'on alloit en voyage, ou qu'on vouloit hâter le pas, afin de laisser aux jambes toute la liberté de leurs mouvemens. La tunique que porte Pylade n'a point de manches, et elle est descendue de l'épaule droite, quoiqu'elle soit attachée par une agraffe. Comme cet habit étoit fort large, il devoit souvent arriver, lorsqu'un des bras se baissoit, que la tunique se glissât tout du long. Les monumens en offrent de nombreux exemples. Dans un petit bas-relief de la *Villa Borghese*, la Reine Antiope, représentée à l'instant où elle tend la main au Roi Priam, montre sa tunique

(53)

glissée du côté droit. On y voit encore une autre Amazone qui, comme dans notre dessin de Pylade, a la partie supérieure de la tunique échappée de l'épaule, et posée sur le bras, sans que l'agraffe soit détachée. Un autre bas-relief que l'on conserve à la *Villa Borghese*, que nous citons et que nous citerons souvent, et qui représente le ravissement de Proserpine, offre aussi une femme dont la tunique, dégagée des épaules, retombe par-dessus la ceinture, et laisse à découvert les épaules et la poitrine. C'est ainsi qu'Ovide nous représente une Naïade dans ses Fastes, Livre Ier. tome VII, page 44. Enfin la figure d'Agamemnon, du vase de Médicis, a la tunique détachée sur l'épaule gauche.

Quant au manteau, nous avons déjà répété que, comme il ne s'agraffoit point, il varioit à l'infini. Or, si l'acteur chargé du rôle de Pylade vouloit se vêtir à l'exemple du dessin que nous présentons, il faudroit qu'il fît mettre une petite agraffe en dessous, qui attachât le manteau à la tunique, afin qu'il ne glissât point le long du bras, dans les mouvemens qu'entraîne l'action, et qu'il ne perdît rien de la grace qu'il peut avoir lorsqu'il tombe en développemens. C'est à l'acteur intelligent et homme de goût à diriger ces effets, et à en user d'une manière propre à ses formes et aux attitudes dans lesquelles il se trouve placé. Il nous suffit de bien démontrer de quelle manière étoit fait tel ou tel vêtement, comment on s'en couvroit, et d'appuyer nos preuves soit sur des Auteurs faits pour inspirer une juste confiance, soit sur des Statues antiques ; monumens qu'on ne sauroit trop consulter, et les premiers de tous les modèles pour les Artistes amis de la nature, de l'art, et même du beau idéal. Pour le goût et l'intelligence, ce sont deux qualités avec lesquelles il faut naître, dont le germe peut croître et se développer, mais qu'on ne peut communiquer à personne.

Pylade doit avoir les cheveux longs, parce qu'en général tous les Grecs les laissoient flotter. Les Athéniens, parmi les

boucles et les ondulations que formoit naturellement leur chevelure, entremêloient de petits ornemens d'or qui avoient la
forme d'une cigale. Les Spartiates portoient aussi leurs cheveux
longs, si l'on en croit Plutarque, Vie des Hommes Illustres,
Tome Ier, page 261; mais ce ne fut que depuis la cinquante-
neuvième Olympiade, avant laquelle, selon Hérodote, Liv. Ier.,
chap. VII, fol. 20, ils les coupoient en rond au-dessous des
oreilles. Plutarque semble pourtant prouver que cet usage étoit
antérieur de beaucoup à cette époque, puisque Lycurgue disoit
que les cheveux longs rendoient les beaux hommes beaucoup
plus beaux, et qu'ils rendoient hideux ceux à qui la nature
avoit refusé les avantages de la figure. Aussi les Spartiates
avoient-ils le plus grand soin de leurs cheveux. Quelquefois
les Grecs se les attachoient avec une mitre ou ruban (1).
A Athènes un Barbare prit le Porte - Torche pour un Roi,
parce qu'il avoit autour de la tête une bandelette (*Infula*)
qu'il prit pour un diadême. (Voyez Plutarque, Tome III,
page 348).

La chaussure de Pylade est prise et rendue exactement sur
celle de la figure d'Amphion : c'est une espèce de brodequin.
On peut consulter sur cet objet Rubenius *de Calceo Senatorio*,
de Re Veftiariâ, Livre II, chap. I. Cette chaussure est attachée le
long de la jambe par un ruban en forme de lacet. Il paroît
que celle dont se servoient les Prêtres d'Athènes, et qu'on
appelloit *Phœcafion*, étoit la même que celle-ci. On ne peut guère
induire de-là que les Grecs se couvrissent ou ne se couvrissent
point les doigts des pieds. Il est prouvé qu'ils se chaussoient
tantôt à couvert, et tantôt à découvert : ils portoient souvent
une chaussure qu'on appelloit *Crepidæ*. C'est celle de l'Apollon
du Belvéder ; on la voit encore à une Statue de la galerie du

---

(1) Nous avons déjà obfervé que chez les Anciens, tous les ornemens de
tête étoient appellés mitres.

SUITE D'ORESTE.

Grand-Duc, à Florence, ainsi qu'à un très-grand nombre d'autres Statues. Elle est composée d'une semelle à laquelle sont attachés de petits cordons lacés en forme de filets, dans le trou de chacun desquels est passé un cordon plus large, et qui s'attache en *Zig-zag* sur le coude-pied. Nous la ferons incessamment mieux connoître. Nous avons trouvé, sur le vase de Médicis, dont nous avons parlé plus haut, une figure d'Achille, dont les doigts des pieds sont entièrement couverts par la chaussure; nous avons appliqué cette chaussure à un des Personnages de la suite d'Oreste, dont nous joindrons le dessin à l'article suivant: c'est celle qui sort du vaisseau pour s'élancer à terre.

Le vase qu'on apperçoit derrière Pylade n'est destiné qu'à orner notre dessin. Il est tiré des recueils de M. de Caylus.

Quant au rôle de Pylade, ce n'est que celui d'un confident un peu au-dessus des confidens ordinaires. Tout Comédien chargé de le représenter doit seulement se souvenir que Pylade est fils d'un des Rois de la Grèce, et que si, dans le tableau où il paroît à côté d'Oreste, sa figure est en quelque façon sacrifiée, il faut pourtant conserver à son personnage une dignité qui réponde à son rang et au titre de l'ami du fils d'Agamemnon.

SUITE D'ORESTE, dans la même Tragédie.

ON a long-temps négligé au Théâtre de donner aux principaux Personnages le cortège ou les accessoires convenables à leur situation, à leur mission, et à la part qu'ils ont à l'action des pièces où ils sont placés. A mesure qu'on a pris une idée du Costume antique, des usages, des mœurs et des formes de l'Antiquité, on s'est occupé du soin de donner de la pompe aux représentations, comme aux Héros qui devoient y figurer: mais on n'y a pas mis assez de ce soin qui mène au mieux possible, parce qu'il est éclairé par les recherches et par des comparaisons exactes. Souvent on a ou altéré, ou confondu, ou mélangé les Costumes des accessoires ; de manière que les Artistes et les gens instruits ont souvent regretté plutôt la présence que l'absence d'une pompe qui annonçoit ou l'ignorance des Costumiers, ou la lésinerie des entrepreneurs. Une grande foule de Gardes, de Soldats, de Suivans, n'est souvent à la Scène qu'un grand embarras, et les principaux Chefs des Troupes, quelques Soldats, quelques Suivans bien costumés, y produiroient beaucoup plus d'effet, qu'un amas d'individus dont les vêtemens offrent une bigarrure aussi désagréable pour l'œil, qu'étrangère au lieu, au temps, au Pays où l'action se passe. Ces réflexions nous engageront à jetter un coup-d'œil sur les accessoires de toutes les Tragédies dont nous ferons connoître les divers Costumes. Nous allons commencer par la suite d'Oreste.

Il étoit d'usage chez les Grecs de ne se vêtir, dans les voyages, que d'habits légers, d'une tunique courte et d'un manteau, qu'on appelloit Chlamyde. Ce manteau est de forme circulaire par en bas ; il ne présente que deux angles dans la partie supérieure. Quand il est étendu, il a la forme d'un demi-cercle un peu allongé. On l'attachoit ordinairement sur l'épaule droite, afin de laisser au bras toute la facilité des mouvemens. Ce manteau tenoit à l'habit de guerre. Nous en donnerons une description détaillée, lorsque nous aurons à offrir le Costume d'un Héros Grec ou Romain, sous l'habit militaire. Sur ce dernier, il prendra le nom de *Paludamentum*. Pour l'intelligence du dessin que nous joignons à cet article, il suffit de dire, que quand il étoit destiné à la guerre, il étoit de couleur rouge, et que, pour les voyages, ou bien pour tout autre usage, (car il arrivoit souvent que l'on s'en servoit dans la vie civile) sa couleur étoit à la volonté de ceux qui le portoient, mais assez généralement de couleur blanche. On le portoit quelquefois de cette dernière couleur à la guerre, ainsi que le prouvent quelques autorités ; pourtant il est nécessaire de remarquer
qu'alors

il servoit à distinguer les Troupes qui, nées et levées dans le même Pays, combattoient néanmoins sous différens Généraux et pour des intérêts opposés. Xénophon dit, que les Soldats de Cyrus le jeune, sous les étendards duquel il servoit, étoient revêtus d'une chlamyde rouge, pour les distinguer des Troupes de son Frère Artaxerxès, qui leur avoit donné une chlamyde blanche. Jusqu'à Aurélien, les jeunes gens qui étoient chargés à Athènes de veiller à la garde de la Ville, ont porté la chlamyde noire : Aurélien leur fit prendre la chlamyde blanche.

Ce manteau s'attache plus ou moins près des angles supérieurs, à raison de son plus ou moins d'ampleur. La Figure d'Amphion, dont nous avons parlé dans l'Article précédent, offre le modèle d'une chlamyde attachée de cette manière. Comme l'agraffe qui l'assujettissoit ne tenoit qu'au manteau, elle étoit souvent ramenée plus ou moins sur le devant de la poítrine. Amphion la porte sur le milieu du col, vers la fossette des clavicules.

La tunique est celle qu'on mettoit sur la cuirasse; elle n'étoit pas fort ample. Une seule ceinture suffisoit pour l'assujettir au corps. On la nommoit *Interula*, *Subucula*, *Intusium*. Saumaise prétend (Liv. III *de Pallio*, Note de la page 82) qu'on l'appelloit *Colobium*, lorsqu'elle étoit sans manches. Nous en avons revêtu la Figure qui sort du Vaisseau, parce que nous supposons que cette Figure est celle d'un des Soldats qui doivent se revêtir de la cuirasse pour entrer dans le Temple, et combattre, s'il le faut, les Gardes de Pyrrhus. Nous avons donné l'épée à ce Soldat, afin d'indiquer à quelle mission il est destiné. Nous aurions pu le couvrir du reste de l'armure, mais nous ne l'avons pas cru raisonnable, parce que nous nous sommes dit que l'armure entière auroit pu alarmer la Ville ou jetter des soupçons. D'ailleurs, on n'endossoit la cuirasse qu'à l'instant même du combat. Nous avons aussi préféré de faire arriver Oreste et sa suite par mer à la Ville de Buthrote, non pas qu'on ne pût y arriver par terre, mais parce qu'il est naturel de penser qu'Oreste

H

aima mieux s'embarquer, que de traverser l'Isthme de Corinthe, pour arriver en Epire.

* * *

APPERÇU GÉOGRAPHIQUE sur le Royaume d'Epire.

C O M M E Racine a placé la Scène de son Andromaque en Epire dans le Palais de Pyrrhus , Fils d'Achille , nous avons cru que nous ne devions pas terminer la réunion des Articles qui concernent cette Tragédie, sans faire connoître la situation du Pays où régnoit Pyrrhus. Nous desirons que les détails dans lesquels nous allons entrer puissent engager un jour ou MM. les Comédiens du Théâtre de la Nation, ou quelque Directeur de Province, ami des Arts et de la vérité, à donner à la décoration de la Tragédie d'Andromaque, un fond qui laisse appercevoir la mer et quelques vaisseaux. Nous répétons qu'il a nécessairement fallu qu'Oreste s'embarquât pour venir à Buthrote, Ville d'Epire, et séjour ordinaire de Pyrrhus ; parce qu'autrement il auroit été obligé de traverser Corinthe , Mégare , la Phocide, la Locride, l'Etolie, l'Acarnanie, et la plus grande partie de l'Epire (1). Il est aisé de se convaincre de cette nécessité, en examinant la Carte Géographique, que nous avons placée en regard de cette page. Ou bien il auroit fallu encore qu'Oreste passât tout le Péloponnèse du Sud-Ouest au Nord-Ouest ; ce que l'on ne peut pas présumer, parce qu'il auroit eu alors à voyager non-seulement par toute l'Arcadie,

---

(1) Cette Province contenoit plus de cent Villes , et elle étoit extrêmement peuplée. Comme elle se révolta plusieurs fois contre les Romains, ceux-ci finirent par en faire une solitude affreuse. Polybe assure qu'après avoir vaincu les Macédoniens et leur Roi Persée , Paul Emile y détruisit plus de soixante-dix Villes , dont la plupart étoient situées dans la Molossie, et qu'il en amena plus de cent cinquante mille prisonniers.

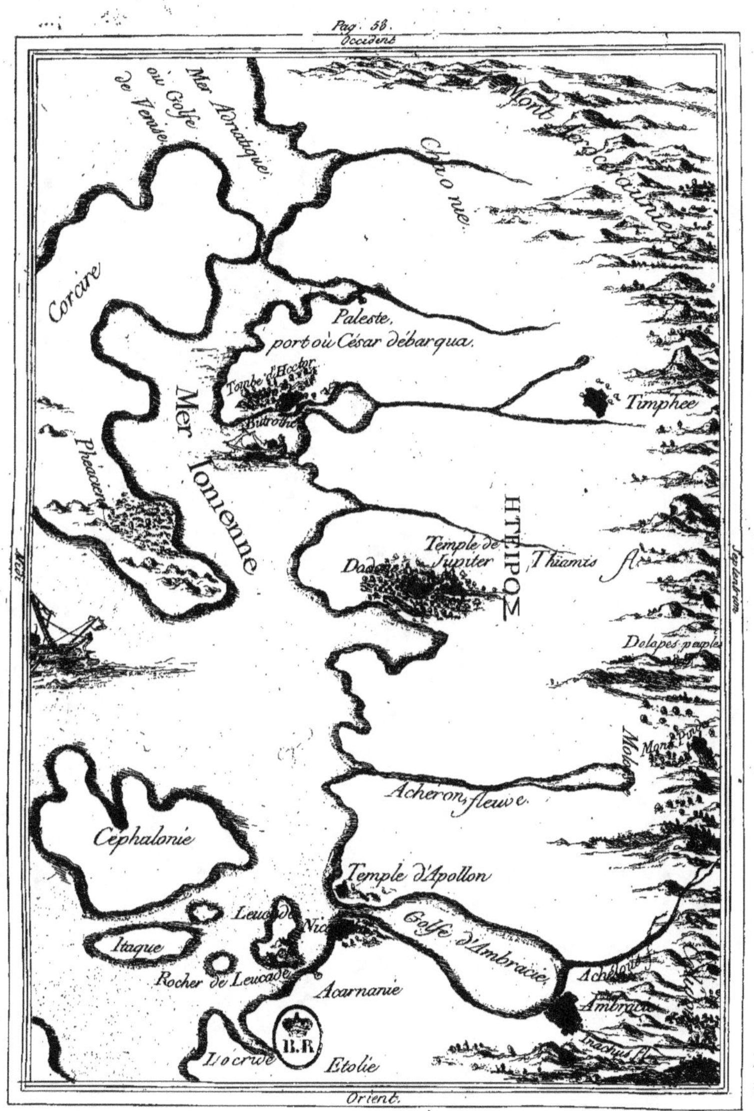

CARTE DE L'EPYRE.

mais encore par l'Achaïe propre et par les Monts de Stimphalus :
or, il est plus naturel de penser qu'il a côtoyé toute la presqu'île
du Péloponnèse, passé à la vue de Céphalonie, ou par le détroit
de Leucade.

Donnons maintenant une idée de ce que l'Epire avoit de
plus remarquable.

Buthrote, *Buthrotum*, *Buthrotus*, étoit une Ville Maritime de
l'Epire dans la Chaonie, qui devint par la suite Province Romaine.
Elle étoit située en face du golfe de Corcyre, aujourd'hui Corfou.
Voyez Strabon, L. VII ; Pline, L. IV, Chap. 1er. Au centre
de l'Epire étoit la fameuse et ancienne Ville de Dodone,
située au sein d'une forêt de chênes, aux pieds du Mont
Imma, sur lequel on avoit élevé à Jupiter ce Temple devenu si
fameux par son Oracle, et le plus ancien de tous ceux de la Grèce.
Les Poëtes disent que non - seulement à Dodone les chênes
rendoient des Oracles, mais encore qu'on y voyoit des Colombes
qui prophétisoient au bruit de certains vases d'airain que l'on
frappoit avec vigueur pour les faire au loin retentir. Une autre mer-
veille de Dodone étoit une Fontaine où l'Antiquité a dit qu'on
allumoit des flambeaux en les y plongeant. On peut voir Hérodote, L. I, Chap. XXV ; Strabon, L. VII ; Ovide, Livres IV et
VIII de ses Tristes ; Properce, L. II. C'est aussi dans la Chaonie,
entre la Thessalie & l'Epire, que se trouvoit le Mont Piérius, sur
lequel on voyoit sans cesse voltiger des compagnies de Pies. On
disoit que ces Pies étoient les filles de Piérius, Poëte et Musicien,
qui ayant osé défier les Muses au chant, prétendre même qu'elles
chanteroient mieux que les filles de Jupiter, avoient été méta-
morphosées en Pies. Ce Mont Piérius étoit une double montagne,
que les Poëtes ont appellée Pinde, et qui étoit consacrée aux Muses.

C'est aussi dans cette Province qu'étoient situées ces montagnes
que les Mythologues prétendoient être si redoutables pour Jupiter,
dont elles avoisinoient l'Empire, que sans cesse il les frappoit
de sa foudre, et qui de-là furent appellées *Acrocérauniennes*.

H 2

Elles ont donné leur nom à un Promontoire du Cap d'Epire, qui s'avance dans la Mer Adriatique, que les Romains nommoient *Mare superum*, Mer supérieure, et qui est aujourd'hui le Golfe de Venise.

Les Géographes divisent l'Epire en trois parties, qu'ils appellent Chaonie au couchant, vers les Monts Acrocérauniens, Epire au centre et Molossie au nord ; et ils la bornent au levant par la Thessalie, la Calydonie, le Golfe d'Ambracie. C'étoit à l'embouchure de ce Golfe qu'étoit placé le Temple d'Apollon, qu'on appelloit Actien, parce qu'il étoit situé près du Cap d'Actium. C'est en mémoire de la bataille qu'Octave Auguste remporta près de ce Cap sur Antoine et sur Cléopâtre, bataille qui lui assura l'Empire, que cet heureux successeur du grand César institua les Jeux Actiens. On les célébroit à Rome tous les cinq ans : ils étoient célébrés tous les ans à Nicopolis, (Ville de la victoire) qu'Auguste avoit fait bâtir sur le terrein que son camp occupoit avant la bataille. Plus haut, dans la Chaonie, étoit le Port de Paleste, où César aborda avec sa flotte, comme il le dit dans ses Commentaires, *De Bello civili*, Liv. III. Cette partie de l'Epire avoit pris son nom de Chaon, fils de Priam, Roi de Troie et frère d'Hélénus. Celui-ci étant devenu Roi d'Epire après la mort de Pyrrhus, qui l'avoit marié à Andromaque, dont la tendresse pour Hector ne pouvoit être distraite par rien, eut le malheur, dans une partie de chasse, de tuer par mégarde son frère Chaon, qu'il aimoit beaucoup. C'est pour éterniser le souvenir de sa douleur et de ses remords, qu'il voulut que l'Epire prît le nom de Chaonie ; car par ce nom les Auteurs entendent souvent toute l'Epire, comme on peut le voir L. III. de l'Enéïde. Ils lui donnent aussi souvent le nom de Molossie, de Molossus, fils de Pyrrhus et d'Andromaque. Les chiens de Molossie avoient une grande réputation. Les Poëtes disent qu'ils descendoient d'un chien d'airain que Vulcain avoit fait, dont il fit présent à Jupiter, que celui-ci donna à Europe, qui passa à Procris, laquelle en fit don à Céphale. Voyez Virgile, L. III. des Géorgiques ; Horace, Ep. VI, et Satyres, L. II ; enfin Lucrèce, L. V. — Nous nous arrêterons sur ces Recherches, afin de ne point outre-passer la borne hors de laquelle elles doivent cesser d'être intéressantes ou utiles.

E S T H E R, *Tragédie de Racine.*

C E T T E Tragédie a été faite pour Saint - Cyr. Madame de Maintenon la demanda à Racine, et la fit représenter par les jeunes Personnes de cette Maison, pendant le Carnaval de l'année 1689. Personne n'ignore quels applaudissemens elle y y reçut. Les Courtisans, les Prélats, les Jésuites, les Dévots, ceux même qui regardoient les Représentations Théâtrales comme des œuvres du Démon ; tout le monde voulut la voir, et Louis XIV y conduifit Jacques II, Roi d'Angleterre, ainfi que la Reine son Epouse. Le bruit général fut que la Pièce étoit allégorique. On croyoit reconnoître le Marquis de Louvois, dans le Personnage d'Aman ; Madame de Montespan, dans celui de Vasthy ; et Madame de Maintenon, dans Esther. Un Ecrivain du temps, à qui ces rapprochemens parurent positifs, observa qu'il existoit une différence sensible entre l'Ancienne Esther et la Nouvelle. L'Epouse d'Assuérus sauva sa Nation, dit-il, à l'instant où elle venoit d'être proscrite ; et l'Esther de Versailles, loin de s'opposer à la proscription des Protestans, a pris la flamme et le fer pour chasser le Dieu de ses Pères. Il faut se souvenir que Madame de Maintenon étoit petite-fille du célèbre Théodore Agrippa d'Aubigné, qui resta, même après l'abjuration de Henri IV, fidèle à la Religion Protestante, dans laquelle il étoit né.

Lorsque la Pièce parut imprimée, on la lut avec prévention, et elle ne fut point favorablement accueillie. M. de la Feuillade appelloit l'impression de cet Ouvrage, une Requête Civile contre l'approbation publique. Quand Esther fut représentée à Saint-Cyr, elle étoit en cinq Actes. Racine la réduisit en trois quelque temps après ; mais il étoit mort quand elle fut enfin jouée au Théâtre François, en 1721. Elle n'eut presque point de succès. En effet, elle est dénuée d'action, plutôt en récits qu'en dialogues, et l'unité de lieu y est mal observée. Mais malgré ses défauts, c'est encore une production très - estimable ; et, comme elle présente le tableau effrayant d'un Ministre qui s'empare de la confiance de son Roi, qui le séduit et qui le trompe, pour satisfaire deux de ses passions chéries, pour immoler tout un Peuple à sa haine et à sa vengeance, il n'est pas impossible qu'on la voie un jour reparoître sur nos Théâtres. Elle auroit pu, par exemple, exciter quelque intérêt dans les circonstances où nous sommes. D'ailleurs, on la représente quelquefois sur les Théâtres de la Province, et c'est une raison suffisante pour nous autoriser à faire connoître les Costumes dont on doit y faire usage.

ASSUÉRUS, *dans Esther.*

S I l'on en juge par les Monumens qui nous restent, par les ruines de ce fameux Palais des Rois qu'Alexandre détruisit, alors que dans une partie de débauche, il fit, à la sollicitation de Thaïs, célèbre Courtisanne, brûler la Ville de Persépolis, l'Art de la Sculpture étoit encore dans sa première enfance au temps où ce Palais fut construit. On en peut acquérir la preuve, en considérant deux figures que nous avons placées dans le cadre où nous avons dessiné Assuérus, pour orner les deux bases qui soutiennent les Cassolettes, ainsi qu'en jettant un coup-d'œil sur les figures numérotées 1, 2 et 3, à la planche d'autorité. Elles sont tirées des ornemens de ce Palais que les Rois de Perse avoient élevé, et qui fut détruit en la cent douzième

Ph. Chéry, Inv. et Del. Ridé, Sculp.

ASSUÉRUS.

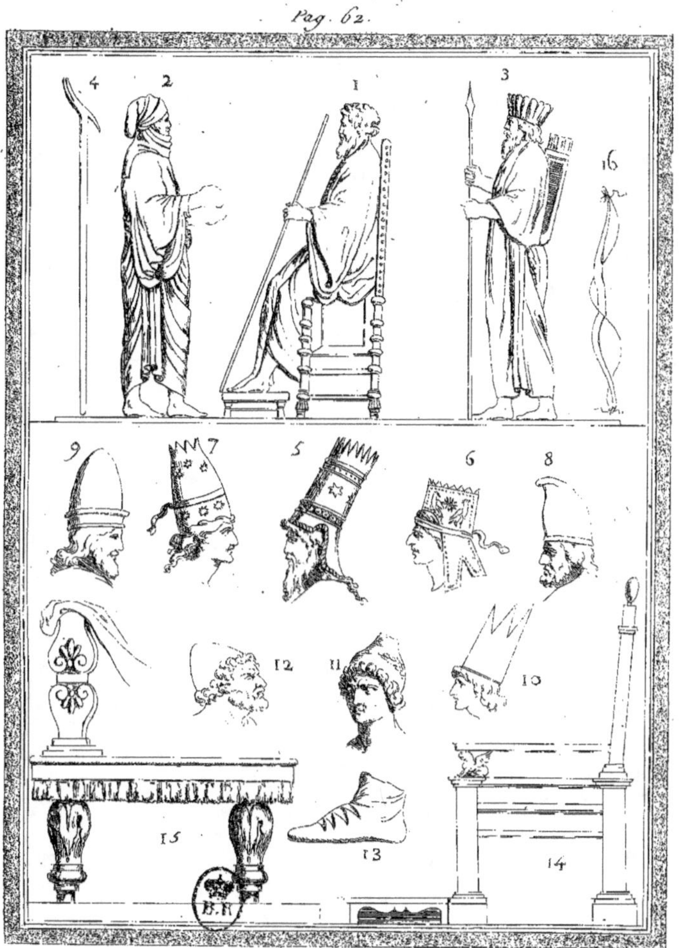

AUTORITÉS

Olympiade, l'an 425 de Rome , 220 ans environ après Cyrus, l'an 330 avant Jesus-Christ. Elles ont été mises au jour par Corneille de Bruyn ou le Brun , dans son voyage de Perse par la Moscovie. « Les règles de l'Art y sont si peu observées, dit-il, » Tome II, page 219, que les nuds n'ont d'autres formes que » les contours ; les épaules, les bras, les plis des draperies qui » couvrent les parties , n'ont point de saillie ; les plis sont seulement » marqués par des lignes creuses ; le mouvement est roide et » uniforme. » On peut se convaincre de tout cela en considérant ces figures , et néanmoins ce sont encore celles où l'on peut le plus aisément suivre et distinguer les formes.

Nous devons présumer que si des ciseaux habiles eussent traité les personnages qui étoient représentés sur les ornemens du Palais des Rois , les vêtemens dont les Perses faisoient usage nous auroient offert l'idée d'un Costume aussi noble que bien entendu. Diodore de Sicile, Tome I, page 224 , rapporte que l'habillement qu'avoit choisi Sémiramis avoit tant de grace et de fierté, que les Mèdes l'adoptèrent d'abord , et qu'en cela ils furent bientôt imités par les habitans de la Perse. La figure que nous attachons à cette Feuille en est un exemple frappant. C'est un Ouvrage grec. Elle a été découverte avec un accompagnement de quatre Cariatides (1) , espèce de colonnes destinées à soutenir des trophées ou à supporter des entablemens. Cette figure est celle de Sardanapale, dernier Roi des Assyriens ,

---

(1) Ce nom vient d'une Ville du Péloponnèse, qu'on appelloit *Carie*. Les Grecs en enlevèrent les femmes après avoir passé tous les hommes au fil de l'épée. Pour conserver la mémoire de leur conquête , ils représentèrent l'image de ces esclaves dans leurs Edifices publics. Voilà pourquoi les Cariatides sont des colonnes qui ont la figure de femmes revêtues de longues robes. Les Cariens ont d'ailleurs été un Peuple toujours très-peu estimé dans la Grèce. Homère leur donne même l'Epithète de Barbares, βαρβαροφωνος ; et , dans toutes les circonstances , les Grecs faisoient éclater le mépris qu'ils avoient pour eux.

Prince qui surpassa tous ses prédécesseurs en luxe, en mollesse et en lâcheté (1).

Nous commencerons par rapporter ici, à propos du Costume dont nous avons à parler, un passage de Justin (page 7.). Ninus étant mort, dit cet Historien, son trône appartenoit à son Fils Ninias, Enfant qu'il avoit eu de sa Femme Sémiramis. Celle-ci, considérant l'extrême jeunesse du Successeur, craignit de confier les rênes de l'Empire à des mains si foibles encore, et elle n'osa s'en emparer ouvertement. Elle prit le parti de se travestir si bien qu'elle pût passer pour le Fils du Prince dont elle étoit la Veuve. Sa taille, le son de sa voix, les traits même de son visage qui avoient une grande ressemblance avec ceux du jeune Prince, tout concourut à favoriser son déguisement. Elle choisit un habit qui lui couvrit les jambes et les bras ; et de peur que cet habit, ainsi que la tiare dont elle orna sa tête, ne semblât cacher quelque mystère, et n'éveillât les soupçons, elle ordonna que tous ses Sujets adopteroient des vêtemens pareils aux siens : depuis ces vêtemens ont été conservés. L'habit qui couvroit les bras étoit la tunique longue et à longues manches. Ferrarius est de ce sentiment, *Analectæ de Re Vestiariâ*, chapitre XXIV. Quant àcelui qui couvroit les jambes, c'étoit l'anaxyride. Plutarque, Vie des Hommes Illustres, Tome VI, page 104, dit que cette

---

(1) Sardanapale passoit sa vie au sein de son Palais, entouré de ses Eunuques, de ses Concubines, habillé et paré lui-même comme une Courtisanne. Arbaces, Gouverneur, et depuis Roi de Médie, forma contre lui une conspiration, et l'attaqua, aidé de Belesis ou Belochus, Gouverneur de Babylone. Sardanapale remporta d'abord sur eux quelques avantages ; mais il finit par être vaincu. Alors il prit la résolution de mourir, et se brûla dans son Palais, lui, ses Femmes, ses Eunuques et ses Trésors. Justin donne à Arbaces le nom d'Arbactus, et Velleius Paterculus l'appelle Pharnace. Selon quelques Auteurs, Sardanapale est le même que le Phul dont il est parlé dans l'Ecriture-Sainte.

partie

partie d'ajustement fut prise des Mèdes, qui étoient les imitateurs des Assyriens. Diodore de Sicile, que nous venons de citer, ajoute à la même page 224, qu'il étoit impossible de savoir, avec ce vêtement, de quel sexe étoit Sémiramis. Il n'a pas cru, comme Justin, que c'ait été pour s'emparer de l'Empire, que Sémiramis eût imaginé cet habit; il prétend au contraire que ce fut pour aller joindre le Roi son Epoux, pendant qu'il faisoit le siège de Bactres. Au reste, la discussion de ces opinions diverses n'entre pas dans notre sujet.

Selon Hérodote, page 96, et Strabon, Livre XVI, les Babyloniens portoient une tunique de lin qui leur descendoit jusqu'aux pieds, et par-dessus laquelle ils mettoient une seconde tunique de même longueur, avec un petit manteau blanc. Leurs longs cheveux étoient ou bouclés, ou divisés, et ils prenoient tous, pour ajustement de tête, des rubans qu'ils appelloient *Mitres*; ce que nous avons déjà dit, répété, et que nous répétons pour la dernière fois. Tout Assyrien portoit un anneau et un sceptre, au haut duquel étoit une tête d'aigle ou quelque autre ornement. Il faut entendre par sceptre, un bâton plus ou moins long sur lequel on s'appuyoit pour assurer sa marche (1).

Babylone fut la capitale de la Babylonie et de l'Assyrie. Elle le devint successivement de la Médie, de la Perse, et, depuis, de tous les Royaumes conquis par les Macédoniens. Nous sommes donc autorisés à donner aux Persans le Costume des Assyriens et des Babyloniens, puisqu'il n'existe pas de monumens qui nous éclairent incontestablement sur ce qu'a été le Costume de la Perse. Les détails dans lesquels nous allons entrer prouveront d'ailleurs que, sur-tout à l'égard des habitans de la Perse qui ont vécu après Cyrus le Grand, le Costume des Babyloniens est le seul qu'on puisse adopter, et qu'il en doit différer de

---

(1) Vulcain revêt une superbe tunique, prend son sceptre pesant, & sort à pas inégaux. *Hom.* Iliade, Chap. XVIII.

I

très-peu de chose. Ajoutons qu'il est impossible de se rendre compte des petites différences qui ont pu exister entre les vêtemens des uns et des autres.

Cyrus, dit le Grand, naquit l'an du Monde 3417 ; 595 ans avant J. C. ; dans la 58e. Olympiade ; l'an 205 de la fondation de Rome ; dans la trentième année du règne de Servius Tullius, sixième Roi de Rome ; pendant la soixante-unième année de la captivité des Juifs à Babylone ; au temps que Daniel et Ezéchiel prophétisoient. Avant ce Prince, la Perse n'avoit qu'une médiocre étendue. Maître de la Médie par sa Femme, de la Perse par la mort de Cambyse son Père, il joignit à ces deux Royaumes celui de Lydie, par la victoire signalée qu'il remporta sur Crésus, à la journée de Tymbrée, dans une bataille rangée, la première dont on ait une description un peu exacte. Il assiégea ensuite Babylone, dont il se rendit maître ; et par cette conquête détruisit entièrement l'Empire des Assyriens. Ce fut à cette époque, et pour se montrer avec plus d'éclat dans la marche triomphale qui accompagna son entrée dans Babylone, qu'il prit le Costume des Mèdes (1), qui, ainsi que nous l'avons dit un peu plus haut, n'étoient que les copistes des Assyriens.

Ce Costume consistoit en un grand manteau de pourpre ou *Pallium* sur une robe de la même couleur, mais mêlée de blanc. (Voyez Xénophon, Tome II, p. 147.) Les Mèdes, selon le même Auteur, *Cyropédie*, Tome I, page 17, portoient leurs cheveux frisés et pendans des deux côtés. Ils ajoutoient même des cheveux postiches à leur chevelure naturelle. Si l'on considère attentivement notre dessin, on verra qu'il y a du rapport entre ce récit, ce qu'avance Diodore de Sicile et le monument que nous avons choisi pour modèle, qui repréfente un Roi d'Assyrie.

Elien, Hiftoires diverfes, Livre I, Chapitre XXII, dit que

---

(1) *Xénophon.* Cyropédie, Tome II, page 143.

la tunique des Mèdes s'appelloit *Dorophorique*. La différence qui existoit entre celle-ci et celle des Grecs consistoit dans la longueur, dans la largeur et dans la transparence de l'étoffe; peut-être même différoit-elle dans la matière, qui pouvoit être de soie, puisqu'il est certain que ces Peuples en ont connu l'usage avant les Grecs. Voyez Saumaise, *de Pallio, in Tertuliani Libro*. Il dit à la note de la page 319, que les Grecs donnoient aux vêtemens de soie le nom d'Habits Persans. Les Princes, suivant Strabon, Livre XV, page 226, portoient des tuniques à manches : la couleur de ces tuniques étoit vive et brillante (1). Que nos Lecteurs considèrent la figure n°. 1 de la planche au trait, qui représente un Monarque Persan assis sur son trône, et qui est tirée des ruines de Persépolis; elle a des manches larges et longues. Les figures 2 et 3, et celle de la droite d'Assuérus paroissent en avoir d'à-peu-près pareilles.

Cyrus, dans son entrée triomphale, portoit sur sa tête une tiare droite. On verra ce que c'est que cette tiare aux figures 8 et 9 de la planche au trait. Strabon, Livre XV, page 226, a désigné la tiare (2) des Perses, en disant qu'elle avoit la forme d'une tour. Voyez les figures 5, 6 et 7, toujours de la planche au trait. La sixième est de Tigrane, Roi d'Arménie, d'après une Médaille Syrienne, tirée de Vaillant, page 238. La septième, selon Caylus, Recueil d'Antiquités, Tome II, page 124, planche 42, est d'un Prince d'Arménie. La forme de la cinquième est riche et imposante; elle est tirée d'une Médaille d'Antoine. Tillemont, dans son Histoire des Empereurs,

---

(1) On lit, Histoire d'Esther, Chap. VIII, ℣ 15, que Mardochée, après son triomphe, sortit du Palais d'Assuérus portant une robe éclatante, de couleur hyacinthe et bleu céleste, la tête ornée d'une couronne d'or, et ayant sur les épaules un manteau de soie pourpre.

(2.) On voit sur les obélisques de la Porte du Peuple à Rome, & sur celle de Saint-Jean-de-Latran, des couronnes radiales imitées du couronnement de la tiare.

Tome Ier. première partie, page 367, regarde cette dernière comme semblable à celle des Rois de Perse. Les figures 8 et 9, tirées des Recueils de Persépolis, prouvent pourtant qu'elles ne se ressemblent pas tout-à-fait : mais il faut observer que ces Monumens sont si imparfaits; qu'ils présentent des formes si bizarres, telles, par exemple, que la figure 3 ; qu'il est permis d'adopter des formes plus heureuses, quand elles ne contrastent pas sensiblement avec les modèles, et sur-tout quand l'Histoire prouve qu'il y a eu des liaisons entre les Peuples. On sait qu'Arsace, Roi des Parthes, vers l'an 250 avant J. C., réduisit l'Empire des Perses sous sa domination, et que cet Empire fut soumis à lui et à ses Successeurs jusqu'à ce que Artaxerxès (Ardschir Babeghan) premier Roi de la Dynastie des Sassanides en Perse, homme de la plus basse condition, mais ambitieux, plein de vaillance, et qui osa se dire issu du sang des anciens Rois Persans, vainquit Artaban ou Artabane dans trois batailles consécutives, tua de sa main, dans la dernière, Artaban et son Fils, Prince jeune encore, et de la plus belle espérance, et se fit couronner Roi des Perses, vers l'année 223 de l'ère chrétienne; après que les Arsacides eurent régné 480 ans dans la Perse. Les Parthes et même une partie des Grecs Asiatiques furent soumis à Cyrus. A Cyrus succéda son Fils Cambyse qui joignit à son Empire le Royaume d'Egypte; à Cambyse, Smerdis le Mage ; à Smerdis (1), Darius, Fils d'Hystaspe, qui monta sur le trône, après avoir tué son Prédécesseur, Usurpateur de la Couronne de Perse. Ce Darius, par la comparaison des Historiens, se trouve être le même Roi

---

(1) Smerdis, fils de Cyrus, avoit été mis à mort par son Frère Cambyse. Pendant le voyage que celui-ci fit en Egypte, un Mage prit le nom de Smerdis, auquel il ressembloit beaucoup, et usurpa le trône. Les précautions qu'il multiplia pour cacher sa fourberie servirent à la faire éclater. Sept des principaux Seigneurs de la Cour conjurèrent contre lui & le massacrèrent. On appelle Smerdis le Mage le faux Smerdis.

que l'Ecriture nomme Assuérus, et que la Vulgate appelle Artaxerxès. Racine paroît être de ce sentiment, en oubliant toutefois Smerdis l'Usurpateur, puisqu'il fait dire à Eshter :

Cyrus, par lui (*Dieu*) Vainqueur, publia ses bienfaits,
Regarda notre Peuple avec des yeux de paix,
Nous rendit et nos Lois et nos Fêtes divines,
Et le Temple déjà sortoit de ses ruines :
Mais de ce Roi si sage Héritier infensé,
Son Fils (*Cambyse*) interrompit l'ouvrage commencé,
Fut sourd à nos douleurs; Dieu rejetta sa race,
Le retrancha lui-même, et *vous mit en sa place.*

Quant à la figure que nous présentons pour offrir le Costume qui doit couvrir Assuérus dans la Tragédie d'Esther, elle est, sans contredit, de la plus grande beauté. Son pallium est jetté avec une noblesse, avec une grace vraiment dignes d'un Souverain. Elle a le sceptre à la main. Ce sceptre étoit d'or, et ordinairement surmonté d'une tête d'oiseau. La figure 4 de la planche au trait, représente un sceptre tiré d'un obélisque. Winckelmann prétend que le haut peut rendre l'idée d'un oiseau mal sculpté. L'aigle d'or étoit l'enseigne des Perses ; ainsi il est possible que ce soit une tête d'aigle. Son diadême est bleu mêlé de blanc, comme l'assure Xénophon, Tome II, page 147 de la Cyropédie. Le bonnet des Persans s'appelloit *Cydaris;* les Souverains l'entouroient du diadême ou bandeau royal, ainsi qu'on le voit figures 6 et 7. Justin, Livre XII, page 143, donne à entendre qu'Alexandre avoit pris un diadême inusité en Macédoine. Plutarque, Vie des Hommes Illustres, Tome VI, page 104, ajoute qu'il n'y joignit ni le *Cydaris* ou tiare, ni l'anaxyride, ni la robe traînante, et qu'il apporta ce seul changement dans l'habit des Mèdes (1) qu'il avoit

______

(1) Strabon, Livre II, page 34, dit que Médée avoit appris aux Mèdes à se vêtir comme des Femmes.

adopté. Ce même Plutarque , et Diodore de Sicile, le premier,
Hommes Illustres , Tome VI , page 119 , et le second , Tome V,
page 154 , s'accordent pour dire que Clytus, parmi les autres
reproches qu'il osa faire à Alexandre, lui fit celui de porter
une ceinture persanne et une robe blanche. Xénophon dit,
Tome II , page 143 , que Cyrus avoit adopté tous les usages
des Peuples qu'il avoit conquis , et que ces usages furent
conservés par ses Successeurs. Toutes les raisons se réunissent
donc pour autoriser le choix que nous avons fait de la figure
de Sardanapale , comme modèle à suivre pour le Costume des
Rois de Perse, puisque les Mèdes avoient pris leurs usages des
Assyriens. Les Monumens de Persépolis n'offrent d'ailleurs rien
d'assez parfait, pour qu'on y puisse découvrir quelque chose
de déterminant sur le Costume. Il faut pourtant remarquer
que la figure assise, N°. 1 de la planche au trait, prouve
que les Rois Persans, quoique montés sur leur trône, et tenant
à la main le sceptre, marque de leur autorité exécutive, n'étoient
quelquefois vêtus que d'une simple tunique. Nicolas Poussin,
dans son tableau qui représente les Mages Egyptiens métamor-
phosant leurs baguettes en serpens devant le Pharaon régnant,
a suivi cet usage. Le Pharaon n'est revêtu que de la tunique
à grandes manches. Ici le trône ne paroît être qu'un siège un
peu plus élevé que ceux dont on se servoit ordinairement à
cette époque. Les figures 14 et 15 représentent des trônes qui
ont été donnés à Jupiter, dans des bas-reliefs antiques ; le
second nous paroît très-beau. La matière pouvoit en être d'or
et d'ivoire. Salomon , qui régnoit 172 ans après le siège de
Troie, l'an 1012 avant J. C., avoit fait faire (1) un grand
trône d'ivoire revêtu d'un or très-pur , sur lequel on montoit
par six dégrés. Dans le haut, ce trône s'arrondissoit par derrière ; deux mains placées de droite et de gauche soutenoient

---

(1) Livre des Rois , Chap. X, ẙ 18 et 19 du Livre III.

le siège; auprès de ces mains étoient deux lions. La figure 14
a quelque analogie avec cette description. Homère, Livre Ier.
de l'Iliade, appelle l'épouse de Jupiter, *Junon au trône d'or.*
Il dit, au Livre VIIIe. du même Poëme : « *Jupiter monte sur
son trône d'or* » : ce qui paroît prouver que l'or étoit la matière
que les Souverains puissans employoient le plus ordinairement
pour leurs trônes, au temps où vivoit Homère. Le trône des Rois
Persans devoit être élevé, puisque Quinte - Curce rapporte,
page 296, qu'Alexandre ayant voulu se placer sur ce trône, on
fut obligé de mettre sous ses pieds la table sur laquelle mangeoit
Darius Codoman qu'il venoit de vaincre, parce que sans cette
précaution il auroit fallu que ses jambes restassent pendantes.

Le manteau d'Assuérus doit être de couleur pourpre, comme
nous l'avons déjà dit : la tunique est de fin lin ; elle peut être
bleu céleste ou de couleur d'hyacinthe, ainsi que le prouve un
passage de l'Histoire d'Esther, que nous avons cité plus haut.
Caylus donne la tête N°. 11 de la planche au trait pour une
tête de Cyrus. Le haut du cydaris paroît rompu. Celle qui est
numérotée 12 passe pour être une tête d'Ulysse ; le bonnet qui
la couvre s'y élève en pointe droite comme le cydaris des
Perses. C'est une tête Parthe que l'on voit au N°. 10. Elle
est tirée d'une Médaille antique. Tous ces objets rapprochés
et comparés nous auroient pu servir de modèles et de guides pour
composer la cœffure d'Assuérus ; mais nous avons préféré de lui
laisser la tête libre.

Quant à la chaussure des Persans il n'en est rien dit de
particulier. Nous en offrons une (figure 13) qui est tirée des
Monumens de Persépolis. Selon Strabon, les sandales des Assyriens ressembloient aux brodequins ou cothurnes des Thébains.
On ne sait pas qu'elle étoit la forme de ces brodequins thébains.
La chaussure d'un des Rois Parthes ou Arméniens, que l'on
voit dans la cour du Capitole, à Rome, nous paroît avoir
quelque ressemblance avec le N°. 13 que nous venons d'indiquer.

Quand nous aurons occasion de reparler de ces Peuples, nous ne manquerons pas de rappeller cet article.

Nous n'avons point trouvé sur les Monumens tirés des ruines du Palais des Rois de Perse, de ces grands arcs qui ont été si célèbres chez les Anciens, et qui firent, suivant le témoignage de quelques Historiens, donner aux Elamites le nom de Persans, mot qui, en langue Hébraïque, signifie Archers. L'Ecriture parle de ces Elamites ; elle dit qu'au temps d'Abraham ils avoient pour Roi Chodorlahomor, qui fut vaincu par le Patriarche ; elle dit encore qu'ils descendoient d'Elam, l'un des fils de Sem, comme on assure que l'Empire des Assyriens fut fondé par Assur, autre fils du même Sem.

Nous respectons très-sincèrement l'Ecriture ; mais comme il y règne beaucoup d'erreurs géographiques, un assez grand nombre d'anachronismes, et une confusion si singulière dans les noms des Peuples et des Rois, qu'il est souvent difficile de reconnoître les temps, les lieux et les Personnages dont on y parle ; nous saisirons l'occasion qui se présente pour donner quelque idée de ce pays d'Elam que l'on connoît si peu et si mal. Un Mémoire de M. de Bougainville, imprimé Tome XXIII des Mémoires de l'Académie des Inscriptions et Belles Lettres, page 27, seconde Partie, va nous fournir tout ce qui peut remplir notre intention.

« L'Orient, dit le savant Académicien, mettoit au nombre
» de ses Souverains les Rois de l'Elymaïde ou de la Suziane.
» Ces Monarques, dont les Ecrivains profanes ne font presque
» pas mention, mais que l'Ecriture a connus et qu'elle désigne
» toujours sous le nom de Rois d'Elam, tenoient même alors un
» rang distingué dans l'Asie, quoiqu'affoiblis depuis plusieurs
» années par des échecs considérables. Les Prophètes nous parlent
» d'Elam comme d'un Peuple puissant et redoutable qui avoit
» fait de grandes conquêtes sur les Assyriens. Je sais qu'on a
» coutume de comprendre les Perses sous ce nom d'Elam ; mais
» l'Ecriture

(73)

» l'Ecriture donne aux Perses de Cyrus le nom de Paras, et
» elle parle de la puissance des Elamites dans un temps où
» les Perses étoient à peine connus ; où renfermés dans les
» montagnes stériles de la Perside, ignorés, mais libres et
» vertueux, ils devoient sur-tout à leur pauvreté ces mœurs
» simples et respectables qui les ont fait considérer par les
» Anciens comme les Spartiates de l'Orient ; Etat qui, selon
» le témoignage de toute l'Antiquité, dura jusqu'au règne de
» Cyrus. »

　» La domination des Rois de l'Elymaïde s'étendoit, sur-tout,
» du côté de l'Orient, où ils comptoient les Perses au nombre
» de leurs Vassaux, et pour Sujets les Parthes, les Carmaniens,
» et tous les Peuples de la Bactriane, jusqu'aux frontières des
» Massagètes et des Saques voisins de l'Arachosie. Bornés au Cou-
» chant par les Etats du Roi de Babylone, ils l'étoient au
» Nord par les Mèdes d'Hérodote ; mais la Suziane étoit le
» siège de leur Empire. Daniel nous apprend que le pays
» d'Elam avoit Suse pour capitale. En effet cette Ville, qui
» fut dans la suite si célèbre sous les Rois de Perse, étoit déjà
» très-considérable avant le règne de Cyrus, au temps de Daniel :
» sa force et sa magnificence sont célèbres dans l'Antiquité.
» Strabon (Livre XV) compare son étendue de cent-vingt
» stades à celle de Babylone : il en attribue la fondation au
» célèbre Tithon, si connu par l'amour qu'il inspira à Aurore,
» et qui fut père de Memnon ; origine fabuleuse, mais qui
» prouve l'ancienneté de cette Ville. Suivant Hérodote, elle
» portoit, sans doute à cause de cet origine, le nom de
» *Memnonium*, que Strabon donne au Château seul, et Pau-
» sanias aux remparts de la Ville. On appelloit aussi chemin
» de Memnon la grande route qui conduisoit de la mer occi-
» dentale à Suse, à travers l'Asie mineure, l'Assyrie, l'Arménie
» et la Matiène : enfin Daniel parle souvent de cette Ville qu'il
» place sur l'*Euleus*.

K

» Cette grandeur et cette magnificence à laquelle Suse étoit
» parvenue dès le temps de Cyrus, démontre qu'avant le règne
» de ce Prince, elle avoit été la capitale d'un Etat puissant
» pendant un temps considérable. Or ce temps ne peut être
» que celui qui s'est écoulé depuis la défaite de Sardanapale
» par Arbace, jusqu'à l'agrandissement des Successeurs de Déjocès
» et des Rois de Babylone. En effet, on ne peut attribuer
» l'embellissement de Suse aux Babyloniens ; ils étoient trop
» occupés de leur Ville, et de plus leur puissance n'a guère
» commencé qu'à Nabuchodonosor. Suse ne s'accrut pas non
» plus sous les Assyriens de Ninive : ils devoient craindre
» d'agrandir une Ville dans un pays riche, sur une rivière
» considérable, et que sa position avantageuse auroit mise en
» état d'attirer tout le commerce de l'Orient, parce que le
» canal de l'Euléus étoit plus navigable que le Tigre qui arrosoit
» les murs de Ninive, et qu'il est impossible de remonter. »

« Or cet intervalle écoulé depuis la révolte d'Arbace, qui
» porta le premier coup à l'Empire de Ninive, jusqu'au règne
» de Nabuchodonosor, dont les conquêtes augmentèrent celui
» de Babylone, est au moins de trois cents ans. En plaçant sous
» ces trois siècles la dynastie des Rois de l'Elymaïde ou de la
» Susiane, nous serons parfaitement d'accord avec l'Ecriture
» qui les représente comme très-puissans alors. Le Prophète
» Jérémie, en prédisant la ruine d'Elam, parle de la puissance
» de ses Rois vaincus par Nabuchodonosor. *Confringam arcum*
» *Elam & summam fortitudinem eorum.* »

« Cet exposé des différentes Monarchies qui subsistoient vers
» le temps de Déjocès, prouve assez que ces Souverains qui
» régnoient à Suse, ces Rois de l'Elymaïde, sont les Rois Mèdes
» de Ctésias. Rien de plus naturel en effet. Cette identité bien
» établie entre les Rois Mèdes dont on nioit l'existence, et des
» Souverains auxquels on n'avoit pas fait jusqu'à présent assez
» d'attention, jette un grand jour sur l'histoire des temps reculés,

(75)

» en tirant une Monarchie trop peu connue de l'obscurité qu'elle
» ne méritoit pas. »

Nous allions terminer cet article, lorsque nous nous sommes
souvenus que le célèbre Bénédictin Dom Calmet pouvoit nous
donner de nouvelles preuves de l'identité d'Assuérus, Epoux
d'Esther, et de Darius, Fils d'Hystaspe. Nous avons ouvert
son Histoire de l'Ancien et du Nouveau Testament, et au
Tome Ier. Livre V, pages 819-40, nous avons lu celle d'Esther,
d'Aman et de Mardochée, dans laquelle il nomme constamment
Darius l'Epoux de Vasthy et d'Esther; après avoir raconté
d'abord la manière dont ce Darius, Fils d'Hystaspe, monta
sur le trône, au préjudice des six Conjurés qui y prétendoient
comme lui, par un artifice de son Ecuyer. Cette identité est
d'ailleurs prouvée par la Chronologie. Il faut pourtant observer
que Dom Calmet, tout en disant et en répétant que l'Assuérus
Epoux d'Esther est Darius Fils d'Hystaspe, successeur du faux
Smerdis (1), convient aussi que dans l'Ecriture, Cambyse,
Fils et successeur de Cyrus le Grand, est nommé Assuérus :
mais cette observation n'altère en aucune façon les preuves
que nous avons accumulées sur le fils d'Hystaspe; elle feroit
présumer tout au plus que les Ecrivains Hébreux donnèrent
aux Souverains des différens Royaumes qui les entouroient, des
noms génériques qu'ils leur conservèrent de règne en règne.
Cette présomption peut être appuyée sur les livres de Moïse.
Ce Légiflateur des Hébreux, dans l'Histoire qu'il donne des
quatorze années de famine et de stérilité, semble toujours
parler du même Prince, qu'il appelle Pharaon, et cependant
il est certain que, pendant ces quatorze années, l'Egypte a eu
trois Rois; Ramésès, dont Joseph expliqua les songes; Ramesso-
Ménès qui lui succéda au moment où les services du Patriarche

---

(1) Selon cet Auteur, le faux Smerdis étoit un Mage nommé Pathisitès, et
le même que quelques Historiens, entre autres Hérodote, ont appellé Oropaste.

lui étoient le plus nécessaires ; et Thysimarès, sous le règne
duquel mourut Jacob. Il est encore certain que depuis ce Ramésès
que nous venons de nommer , jusqu'à Ramessès Vaphris , qui,
le premier, persécuta les Hébreux , l'Egypte a eu sept rois ;
qu'elle en a eu trois depuis celui-ci jusqu'au fougueux Aménophis,
que son imprudence et son ignorance peut-être engloutirent
dans la Mer-Rouge , avec une partie de son armée, quand
il voulut marcher à la poursuite des Juifs. L'Ecriture ne cite
pas tous ces Princes ; elle se contente de dire deux fois : *« Un
nouveau Roi qui ne songeoit plus aux services importans que Joseph
avoit rendus à l'Égypte »* ; et toujours elle appelle Pharaon le Souverain d'Egypte dont elle parle. Il nous semble que ce rapprochement peut autoriser l'opinion que nous avons présentée
plus haut, que les Hébreux donnoient aux Rois leurs voisins des
dénominations générales qui leur suffisoient pour les distinguer
les uns des autres. Nous croyons néanmoins devoir convenir
que rien ne prouve que le mot Assuérus ait signifié Roi , Prince
ou Souverain , tandis que le titre de Pharaon étoit commun
à tous les Rois d'Egypte. Selon l'Etymologie égyptienne,
Pharaon signifioit Crocodile. Les Rois d'Egypte se sont-ils donné
ce titre ? l'ont-ils reçu de leurs Peuples ? Nous ne le savons
point. De quelque part qu'il soit venu , on peut assurer , en
le rapprochant de l'animal dont il rappelle le tempérament
et les habitudes , que le Prince ou ses Sujets s'étoient fait une
idée bien extraordinaire de la Royauté.

***

HYDASPE , CONFIDENT D'AMAN , dans la même Tragédie.

CETTE figure porte la tunique longue , ainsi que les grands
officiers et les personnages d'une certaine considération avoient
coutume de la porter. Nous lui avons donné le pallium blanc.
Le reproche de Clytus à Alexandre, que nous avons cité dans

HYDASPE.

l'article précédent, annonce que le manteau blanc n'étoit point usité en Macédoine, et qu'aucontraire il étoit d'usage en Perse : ainsi nous croyons que cette autorité ajoute encore aux recherches particulières que nous avons faites chez les Historiens, des usages de l'Antiquité. Il ne sera pas inutile de rappeller encore ici qu'Artaxerxès fit porter à ses soldats le *Sagum* blanc, tandis que son frère leur faisoit porter le *Sagum* rouge. Plutarque appelle *Sagum* ou *Sagulum* l'habit supérieur des Perses, et le pallium, *Toga Græcanica.* Le Baron de Spanheim rapporte un passage d'Eschyle, d'après lequel il prétend que la différence entre le peplum des Perses et le pallium des Grecs, consiste seulement dans la couleur et dans l'étoffe. Cette différence détruiroit la distinction de Plutarque ; cependant elle confirmeroit que les Perses se servoient du pallium, peplum ou sagum, comme on le voit par deux figures tirées des ruïnes de Persépolis, que nous avons cru pouvoir nous dispenser de rapporter. Nous renvoyons ceux de nos Lecteurs qui seroient tentés de les connoître, malgré toute leur imperfection, au voyage de Corneille de Bruyn, planches 168 et 170.

Hydaspe porte le cydaris ordinaire. Il paroît que cette coëffure étoit formée de plusieurs bandes d'un lin très-fin, tournées l'une au-dessus de l'autre, ainsi qu'on le voit sur la figure qui porte deux vases, que nous avons gravée en accessoire dans la planche qui représente Assuérus. Strabon assure que le cydaris avoit la forme d'une tour, et que les Perses s'enveloppoient la tête d'un morceau de toile très-fine ; mais Strabon, homme très-instruit, plein de jugement, de raison et d'exactitude, qui florissoit sous Auguste, et qui est mort sous Tibère, n'a peut-être parlé que des usages qui étoient en vogue au temps où il a voyagé ; car les monumens nous offrent des modèles du cydaris qui ne ressemblent point à la figure que lui donne ce savant Géographe.

Dans le fond du dessin on apperçoit l'Autel sur lequel les

Perses conservoient le feu sacré. Cet Autel est tiré des ruines de Persépolis : sa forme au Théâtre pourroit être plus grande et plus majestueuse ; mais nous l'avons rapporté ici tel que nous l'avons découvert, afin de faire connoître quel étoit le goût de ces Peuples dans leurs accessoires. Il a un rapport très-sensible avec celui des Egyptiens : aussi n'avons-nous pas manqué de rappeller le goût égyptien dans le Trône qui se voit derrière Assuérus, ainsi que dans les cassolettes qui sont placées de droite et de gauche. Au reste, comme notre intention en cherchant à éclairer les personnes de Théâtre est en même - temps d'être utiles aux Artistes, et que nous voulons éviter qu'on nous accuse de donner nos propres idées pour des autorités respectables, nous avons soin d'offrir les figures que nous citons ; et en les plaçant comme accessoires, nous y trouvons le double avantage de fournir nos preuves et d'enrichir nos dessins.

Quant à l'Architecture des Perses, on pourra croire qu'elle étoit assez bisarre, si l'on en juge par l'idée qu'en donnent les ruines de Persépolis. On voit qu'ils aimoient à y prodiguer les ornemens, moyen qui prouve plutôt la sécheresse que l'abondance de l'imagination, et qui ôte aux édifices une partie de leur majesté. Les grandes colonnes de Persépolis ont quarante moulures ornées en creux ; mais ces moulures n'ont que trois pouces de largeur. Les colonnes grecques, au contraire, n'ont pas au-delà de vingt-quatre moulures, et ces moulures ont quelquefois près d'un *Palme* d'intervalle 1 . Non contens d'orner leurs colonnes de ces moulures pressées, les Perses les surchargeoient encore d'une foule d'autres ornemens en relief, dont les formes présentent des animaux à-peu-près inconnus, mais

____

(1) Les Anciens avoient le grand et le petit *Palme*. Le premier étoit une mesure de douze doigts, ou neuf pouces de pié de Roi. Le second étoit de quatre doigts, ou trois pouces. C'est du grand palme qu'il s'agit ici. En Italie on se sert encore de cette mesure ; mais elle y varie suivant les lieux. Le palme romain moderne est de huit pouces trois lignes et demie.

qui approchent un peu du griffon , de l'aigle et du lion. Ils y plaçoient encore des figures d'hommes , comme celles que nous avons rapportées dans nos deux planches , à l'Article d'Assuérus.

Les Persans ne faisoient jamais de voûtes; toutes leurs portes étoient carrées , comme cela se pratiquoit chez les Egyptiens , dont il paroît que les Perses avoient emprunté l'Architecture.

« Je suis persuadé , dit M. de Caylus , (de l'Architecture Ancienne) que , bien auparavant le règne de Darius , fils d'Hystaspe , les Egyptiens avoient communiqué leur goût de sculpture aux anciens Perses : car , indépendamment de ce que le commerce d'une Nation inspire à l'autre , il n'est pas douteux qu'il y avoit du rapport entre ces deux Peuples dès le temps de Cyrus , dont le fils a conquis l'Egypte. Non que j'ignore que tout ce qu'on ne peut pas prouver par des témoignages précis doit être mis au rang des conjectures , mais il est véritable aussi que ces conjectures ont différens degrés de probabilité...... Je suis convaincu que les Egyptiens ont servi de modèles aux Perses , et je suis d'autant plus porté à l'avancer , que je vois dans Thévenot , dans Chardin & dans Corneille de Bruyn , un rapport des plus marqués entre les ruines de Persépolis , quelques autres monumens de l'Ancienne Perse et ceux de l'Egypte : car , malgré les différentes façons dont ces trois Voyageurs ont vu et se sont énoncés , rien ne s'oppose , en général , à mon opinion. Je renvoie aux Descriptions qu'ils ont données de ces magnifiques ruines , où l'on verra que le goût ne peut être plus conforme , *soit pour la façon de bâtir* et la ressemblance des ornemens , soit pour la distribution ou la façon d'arranger les colonnes , soit enfin pour leur forme ou le genre de leurs cannelures et de leurs chapiteaux. Je conviens que celles des Perses ont souvent des bases , et que celles des Egyptiens , peut-être aujourd'hui trop enterrées , en sont rarement ornées ; mais j'appuierai sur la façon commune à ces deux Peuples d'employer des pierres d'une prodigieuse étendue , et de les appareiller avec le plus grand soin. Quels plus grands rapports de solidité et de goût pourrois-je présenter ? Cependant, ceux-ci ne sont pas les seuls. L'exacte conformité de ces processions , représentées en bas-relief dans l'un et dans l'autre pays , peut encore me servir de preuve : car la conformité des Religions a facilité de tous les temps les communications , et produit les plus grandes imitations. »

Nous aurions pu prolonger cette citation ; mais nous aimons mieux renvoyer à l'Auteur même ceux qui desireroient de plus longs éclaircissemens.

Les Perses ont fini , comme les Égyptiens , par employer des Artistes Grecs ; mais il a dû s'écouler des siècles entre le temps où les Egyptiens sont devenus les Maîtres des Perses et des Grecs , et celui où les Grecs ayant perfectionné chez eux ce qu'ils avoient pris aux autres Peuples , ont enrichi de leurs chefs-d'œuvres les Pays même où ils avoient puisé des lumières. Téléphanès travailla successivement pour Xerxès et pour Darius. Mandroclès , Peintre et Architecte , construisit le fameux Pont que Xerxès ordonna d'élever dans le lieu le plus étroit du Bosphore de Thrace (1).

Nous avons orné de chambranles de bois les Portes qu'on apperçoit dans le dessin d'Hydaspe , parce que les Orientaux employoient beaucoup de bois dans leurs Edifices. Il faut croire que les plafonds , les pilastres , et peut-être d'autres ornemens du Palais des Rois à Persépolis , étoient de bois , puisque , malgré les efforts que l'on fit pour éteindre l'incendie qui le consumoit , rien ne put arrêter le progrès des flames. Prenons d'ailleurs une nouvelle autorité dans le Livre d'Esdras.

____

(1) Mandroclès en suspendit le tableau dans le Temple de Junon , à Samos. Hérodote assure qu'il l'y a vu avec une inscription, qui disoit que son Auteur l'avoit consacré dans ce Temple pour l'honneur des Samiens et de l'Artiste.

Néhémie

Néhémie (1), premier Echanson de Xerxès, obtint de ce Prince la permission de reconstruire les murs de Jérusalem. Pour parvenir à cette reconstruction, il est probable qu'il suivit les modèles qu'il avoit eus sous les yeux dans les Villes d'Ecbatane, de Suse ou de Persépolis. Or, voici, d'après les Livres d'Esdras, la manière dont il s'y prit (2). Il supplia Xerxès de lui donner des ordres pour Asaph, Grand-Maître de la Forêt du Roi, afin qu'il lui fût permis de prendre du bois pour couvrir les portes, les tours et les murailles de la Ville, et la Maison qu'il devoit bâtir pour son logement (Chap. Ier., Liv. II). Il considère (Chap. XIII) que les anciennes portes avoient été brûlées avec la Ville. Ces portes étoient assurément celles que Cyrus avoit permis d'élever, et qui, avec les murailles, n'avoient été achevées que dans la sixième année du règne de Darius, (Assuérus) l'an du monde 3481, 503 ans environ avant J. C. Au Chap. III, Verset premier, il est dit, que le Grand-Prêtre Eliasib bâtit la porte du Troupeau, y posa le bois, le seuil et les poteaux : il est dit encore dans le même Chapitre, que toutes les portes de la Ville furent construites de même. Si l'on veut remonter à une époque plus reculée, on verra que Salomon construisit son Palais et le Temple, partie en bois, partie en pierres pré-

(1) L'Ecriture dit que Néhémie étoit Echanson d'Artaxerxès, et Calmet, dont l'autorité est souvent respectable, veut que cet Artaxerxès ait été celui que l'on nommoit Longuemain. Nous croyons pouvoir assurer que Calmet se trompe. Ce qui prouve que Néhémie étoit Echanson de Xerxès, second fils de Darius et d'Atossa, fille de Cyrus, c'est que Xerxès monta sur le Trône vers l'an du monde 3500, environ 480 ans avant J. C. ; que ce fut 484 ans avant l'ère chrétienne que Néhémie releva les murs de Jérusalem, et qu'Artaxerxès, surnommé Longue-main, est mort 426 ans avant J. C., ce qui fait une différence de 58 ans. Selon *Ussérius*, cette Atossa, fille de Cyrus, veuve de Cambyse, son frère, puis de Smerdis le Mage, et enfin femme de Darius, est la même que l'épouse d'Assuérus, que l'Ecriture appelle Vasthy.

(2) Nous avons quatre Livres d'Esdras. Il a écrit le premier. Le second est de Néhémie. On regarde les deux autres comme apocryphes.

L

cieuses (1). Les bois furent coupés sur le Mont Liban ; c'étoit du cèdre et du sapin. Le Livre III des Rois, Chap. VI, dit que les Bâtimens en furent principalement revêtus dans l'intérieur. Ainsi, nous croyons que c'est sur des autorités suffisantes que nous avons formé en bois une partie des ornemens intérieurs du Palais des Rois de Perse.

Hydaspe est dans le mouvement de marcher vers la salle où est le Trône, quand il dit au Ministre d'Assuérus :

> Vous savez qu'on s'en peut reposer sur ma foi,
> Que ces portes, Seigneur, n'obéissent qu'à moi.
> Venez, par-tout ailleurs on pourroit nous entendre.

ESTHER, *dans la même Tragédie.*

Nous marchons au milieu des probabilités, pour y chercher le Costume qui convient à Esther ; mais ces probabilités peuvent obtenir d'autant plus de confiance, que les preuves incontestables sont absolument perdues. On n'a rien de bien positif sur le Costume des Reines de Perse. Les monumens de Persépolis, dont nous avons fait connoître le véritable prix à l'article d'Assuérus, ne nous présentent qu'une figure de femme. Nous l'avons examinée avec une extrême attention, & nous avons reconnu qu'il étoit impossible de deviner la forme des vêtemens dont elle est couverte. Tout ce qu'on y apperçoit un peu distinctement, c'est qu'elle porte une tunique à manches, que son col est orné d'un collier de perles enfilées, et qu'elle tient à la main le bord d'une draperie ou d'un voile. Sa tête est couverte d'un bonnet, tiare ou couronne, qui, vu de profil, présente trois pointes arrondies, au-dessus desquelles on apperçoit des ornemens qui s'élèvent à plusieurs étages. Les Reines de

---

(1) Par pierres précieuses il faut entendre ici le Marbre, qui étoit assez rare dans ce temps-là, pour être regardé comme une pierre précieuse.

ESTHER.

AUTORITÉS D'ESTHER

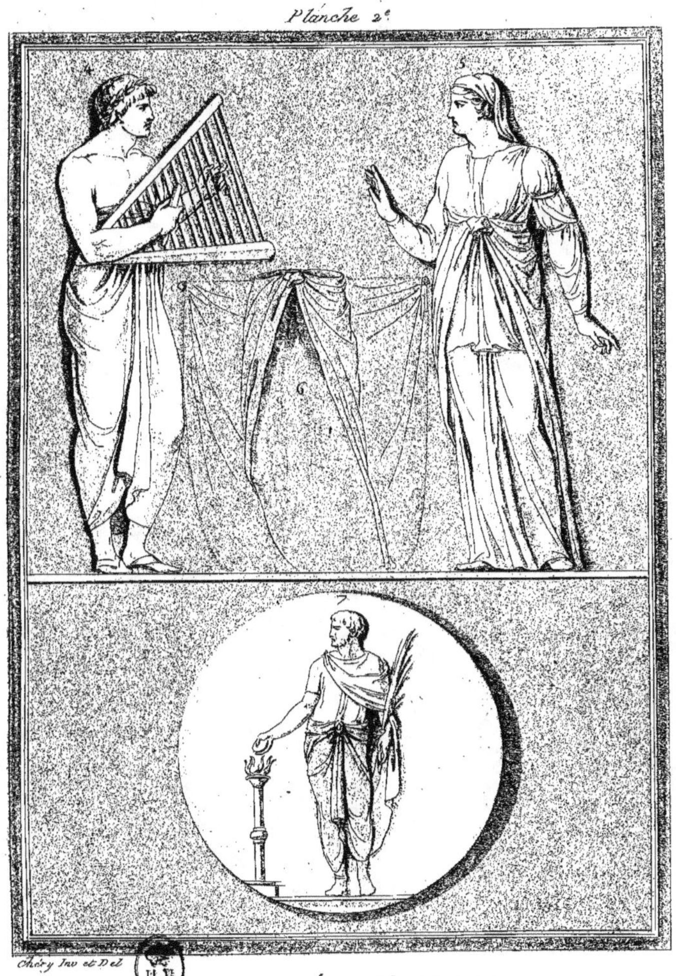

AUTORITÉS D'ESTHER.

AUTORITÉ DE ZARÉS, ET D'AMAN.

(83)

Perse , au rapport de Plutarque , Vies des Hommes Illustres , Tome VIII , page 207 , avoient seules le droit de porter certaines parures. En quoi consistoient - elles ? à quel usage ? à quelle partie du vêtement se rapportoient-elles ? Tout cela nous est aussi peu connu que la forme et la coupe de l'habillement de ces Princeſſes. On peut assurer pourtant que les Reines de Perse portoient le diadême. On lit dans l'Histoire d'Esther, Chapitre II , versets 17 et 18 : *Assuérus l'aima plus que toutes ses autres femmes ; il posa le diadême sur son front , et la fit Souveraine de ses Etats à la place de Vasthy* : ce que Racine a dit , d'après l'Ecriture , dans sa Tragédie d'Esther :

> Soyez Reine, dit-il , (*Assuérus*) et dès ce moment même ,
> De sa main sur mon front posa son diadême.

Ainsi , nous avons dû , pour être conformes à la vérité , donner à Esther le diadême des Rois de Perse, qui , comme nous l'avons déjà avancé , étoit bleu céleste et blanc. Nous croyons pourtant devoir ajouter ici , que si l'on en croit Pline , Livre VII , & Athénée *Deipnosophist.* Liv. XII , ce diadême pouvoit être ou de pourpre ou de bleu céleste , mais toujours mêlé de blanc. Les autorités assez nombreuses qui paroissent. se réunir exclusivement pour le bleu céleste , n'empêchent pas que celles de Pline & d'Athénée ne doivent être comptées pour quelque chose : voilà pourquoi nous les citons. Un Comédien , d'ailleurs , pourroit s'autoriser de ces deux Ecrivains pour ne se point servir du bleu céleste ; et il est essentiel de dire , pour l'exactitude dont nous nous sommes fait une loi , que non-seulement il ne seroit point en faute , mais que même il pourroit avoir raison , tant par le goût , que par les autorités qu'il invoqueroit. Quand il existe un choix entre les couleurs , il n'est pas indifférent que l'on donne la préférence à celle qui se marie le mieux au ton des chairs. Il est telle figure sur laquelle une cœffure bleu céleste sera extrêmement mal placée , tandis que la couleur pourpre lui donnera du caractère. Telle autre qui deviendroit dure & repoussante avec une coëffure où domineroit le pourpre , prendroit l'ensemble de la douceur et de la noblesse avec une coëffure dont le bleu céleste feroit le principal ornement. La connoissance de ces différences souvent essentielles , dépend d'un peu d'étude et d'observation , et sur-tout d'une organisation exquise ; car , malheureusᵉment il y a des yeux à qui tout convient : et voilà pourquoi les véritables amateurs , nous ne disons pas les connoisseurs , sont considérablement rares.

Ce n'est pourtant pas sans une raison particulière , que nous avons donné à Esther la coëffure dont on voit que sa tête est couverte. Le célèbre Nicolas Poussin , dans son superbe tableau qui représente l'évanouissement d'Esther , nous en a offert le modèle , et il est bien fait pour servir d'autorité dans tout ce qui tient au Costume , au goût et au bon style. Les ignorans et les opiniâtres pourroient seuls ne pas convenir que , de tous les Peintres de l'Ecole Françoise , c'est celui qui s'est le plus assujetti à l'exacte , à la rigoureuse observance des Costumes et de leurs localités , et que c'est en même-temps celui qui les a présentés sous les formes et dans les développemens les plus heureux.

Nous avons revêtu la figure d'Esther du manteau appellé *Pallium de pourpre*. Sous ce manteau , nous lui avons donné une tunique à manches , et nous avons ainsi raisonné ce Costume. La figure de Sardanapale , qui nous a servi de guide pour le Costume d'Assuérus , ne laissé aucun doute que les vêtemens dont elle est couverte ne fussent propres aux premières Personnes de l'Etat. La figure de femme que nous avons remarquée sur les ruines du Palais des Rois , à Persépolis , porte une tunique à manches. Il est très-présumable que , malgré la médiocrité où étoit l'Art de la Sculpture chez les Persans , au temps où ce Palais fut élevé , médiocrité qui ne permettoit pas même d'espérer des progrès, néanmoins les Statuaires, tout inhabiles qu'ils étoient, employoient leurs ciseaux, et ce qu'ils avoient de talens, à représenter les Personnages qui excitoient la considération, la soumission et le respect. Nous avons rapporté dans la planche au trait, que nous avons jointe au cahier où il est question d'Assuérus, une figure de Roi assis sur son trône, et cette figure est tirée des ruines du Palais de Persépolis, des mêmes ruines où nous trouvons une figure de femme revêtue d'une tunique à manches. Tout concourt donc à nous faire présumer que cette dernière figure est celle d'une femme d'une condition très-élevée, et qu'elle peut nous servir de première base. De tous ces raisonnemens, nous avons conclu que la tunique à manches étoit de première nécessité, et nous en avons fait usage. Nous avons continué nos observations, en les appuyant sur les recherches qui sont la base du laborieux Ouvrage que nous consacrons aux Comédiens, aux Artistes et aux Gens de goût.

Nous avons vu que tous les bons auteurs se réunissent pour nous dire, qu'il faut revenir au costume des femmes Grecques, pour vêtir convenablement les Persannes. Nous avons pensé qu'on pouvoit ajouter à ce principe, et prendre une partie du costume des Egyptiens, puisqu'il est démontré que par rapport à leur goût pour les Arts, et principalement pour la sculpture, l'Egypte et la Perse offrent une grande ressemblance. On peut consulter sur cette opinion le savant M. de Caylus, dans sa dissertation sur l'architecture ancienne que nous avons déjà citée, et l'on verra qu'elle est très-fondée. Si, comme tout paroît se réunir pour le prouver, la Perse a pris de l'Egypte sa sculpture, et même sa manière de bâtir, ainsi que Strabon le présume, Liv. XVII, on peut croire à plus forte raison qu'elle lui avoit pris aussi des usages plus faciles à saisir et à imiter. Nous avons donc donné à l'Esther que nous joignons à cet article, par-dessus la tunique à manches, une robe de dessus, semblable à celle dont nous avons trouvé le modèle sur un autel de granit, ouvrage incontestablement égyptien, et qui représente plusieurs figures tant d'hommes que de femmes, et toutes revêtues de cet habillement. Il étoit de forme demi-circulaire par en bas, et ne s'attachoit que sous le sein, où il se rouloit de manière à ce que les angles retombassent sur le devant.

L'Epouſe d'Aſſuérus est ici représentée dans le moment où elle prononce ce monologue, qui, dans l'Esther en cinq actes, commence la seconde Scène du second Acte.

O mon souverain Roi !
Me voici donc tremblante & seule devant toi !

Monologue traduit presque entier de l'Ecriture que l'Auteur y a embellie de tous les charmes de la poésie et de la sensibilité.

Elle est assise sur un lit, suivant l'usage des Asiatiques. Derrière elle on apperçoit un candélabre, dont il est vraisemblable que nos Lecteurs trouveront la forme aussi belle que nous l'avons jugée. Ce candélabre est pris de Nicolas Poussin, et tiré du cabinet de Peiresc, de la bibliothèque du Roi.

Revenons sur l'habit de dessus, dont nous avons revêtu Esther. Il ne nous suffit pas d'avoir donné des vraisemblances. Un ouvrage tel que le nôtre peut, comme nous l'avons dit, admettre des rapprochemens et des probabilités ; mais lorsqu'il existe des preuves à donner, des autorités respectables à invoquer, il faut que nous les indiquions, si nous voulons inspirer toute la confiance dont nous avons besoin, sur-tout dans une matière presque ignorée.

Chez plusieurs Nations de l'Antiquité, cet habit étoit commun aux femmes. Il étoit porté par les Grecques, les Syriennes, les Egyptiennes, les Gauloises, les Daces, les Gètes, etc. Il se plaçoit par-dessus la tunique, et s'attachoit ou se rouloit sous le sein, ainsi que nous venons de l'expliquer tout-à-l'heure. Sa forme étoit demi-circulaire, et se rapprochoit beaucoup de celle

de la Chlamyde Grecque. Sa largeur donne à-peu-près deux
fois l'étendue de sa hauteur, comme on peut s'en convaincre
à l'inspection de la figure 3, de la planche Ire. On posoit d'abord
ce vêtement derrière le dos; on ramenoit ensuite les deux points
C D sur le devant de la poitrine; les deux angles A B venoient
par ce moyen retomber sur le devant des jambes, ainsi qu'il
est expliqué dans notre planche, par les lignes pointillées qui
en marquent l'extension.

La figure que nous avons choisie pour déployer ce vêtement,
est la belle statue d'Isis du Capitole, qui n'est point un ouvrage
égyptien, mais un ouvrage grec fait sur le Costume égyptien.

L'étoffe de ce manteau étoit sans doute plus solide que celle
des tuniques intérieures ; la largeur des plis semble en donner
une preuve décidée. Les deux figures qu'on voit encore sur
cette même planche paroissent d'ailleurs le démontrer jusqu'à
l'évidence. La tunique intérieure de la première offre une mul-
titude de plis qui désigne une étoffe plus fine, et dont le tissu
est plus délié, tel qu'est le lin. Il paroît qu'on portoit aussi ce
vêtement sans tunique, mais que les hommes seuls se donnoient
quelquefois cette permission. Le N°. 2 de la première planche
d'autorité, et le N°. 4 de la seconde planche en font foi. Il
paroît que ces figures sont celles de deux Prêtres, dont l'un
chante un hymne, et dont l'autre touche le trigone avec le
plectrum. Sur cette dernière figure on distingue clairement la
forme de l'habit de dessus ou tunique supérieure. Il n'est point,
comme on le voit sur les autres, roulé sous la poitrine; aussi
est-il beaucoup plus haut monté.

La figure 7 est une médaille de l'Empereur Héliogabale,
qui fut ainsi nommé parce que, suivant les uns, il avoit été
consacré au Soleil, et que, suivant les autres, il avoit été
nommé Pontife du Soleil par les Phéniciens. Lisons ce qu'en
dit Hérodien, page 204.

« Elagabale ou Héliogabale étoit vêtu d'une robe qui lui

descendoit jusqu'aux talons et à laquelle étoient attachées de grandes manches à la mode des Barbares. Il avoit une chaussure qui lui prenoit depuis les pieds jusqu'aux reins. (Cette chaussure n'est autre chose que l'anaxyride dont nous avons donné la figure N°. 3 de la troisième planche d'autorité qui est jointe à ce cahier.) Son habit de dessus étoit couvert de bandes de pourpre et brodé d'or. Sur sa tête, il portoit une couronne enrichie de pierres précieuses. »

On sait qu'Héliogabale avoit la folie de faire adorer à Rome le Dieu Elagabal, qu'il avoit apporté de Phénicie. Ce Dieu n'étoit autre chose qu'une grosse pierre noire, ronde par le bas, pointue par le haut, en forme de cône, et couverte de figures bizarres. C'étoit, à ce qu'on croit, l'emblême du Soleil. Il lui faisoit des offrandes et des sacrifices sous le vêtement syrien, vêtement qu'au mépris des loix il affectoit de porter à Rome, en donnant tous les jours de nouvelles preuves d'un dédain absolu pour l'habit grec et pour l'habit romain. Cet Empereur, qui fut nommé le Sardanapale de Rome ; qui avoit le despotisme d'un vieillard et l'emportement d'un enfant mal élevé ; qui s'étoit fait une Cour de Cochers et de Comédiens, c'est-à-dire d'Esclaves avilis ; qui tua de sa main son Précepteur Gannys, parce qu'il lui reprochoit ses débauches ; qui fit publiquement les noces de la Lune et de son Dieu Elagabal ; qui, après s'être fait circoncire en l'honneur des nouveaux Epoux, leur offrit en sacrifice des Enfans des premières Familles de Rome ; qui épousa publiquement une Vestale ; qui enfin voulut passer pour femme, et se maria en cette qualité : ce monstre, couvert de tant de honte, d'infamie et de crimes, qui fut assassiné à l'âge de dix-huit ans, après en avoir régné quatre, dut en partie sa mort prématurée à l'affectation insolente de ne pas porter le Costume romain. Rome étoit alors descendue dans l'abîme d'une dépravation profonde ; les mœurs générales n'y étoient pas aussi affreuses que celles de l'Empereur, mais elles l'étoient

en

en proportion de ce qu'on peut risquer dans un rang inférieur
et de ce qu'on ose dans une élévation où l'on peut tout. Mais
Rome n'avoit pas oublié ses antiques habitudes ; elle étoit encore
fière, dans sa dépravation, des grands hommes qui l'avoient
rendue la Reine du Monde. Elle avoit sous ses yeux les statues
de ces Héros de la Patrie qui lui rappelloient tous les jours
le costume simple qui les avoit couverts, mais un costume
noble et national. Ses Ancêtres insultés par un fou imbécille
et furieux, lui firent prendre en une haine absolue celui qu'on
avoit long-temps méprisé comme un enfant impudique, et
qui étoit devenu détestable, par la seule raison qu'il ne vouloit
pas être Romain. Les Nations tiennent souvent moins à leurs
mœurs qu'à leurs usages publics, et il y a quelquefois moins
de danger à attaquer l'homme que son écorce. On a vu, il y
a vingt ans, les Espagnols se mettre en insurrection, au nombre
de cinquante mille, parce qu'on vouloit abroger à Madrid
l'usage des manteaux immenses et des énormes chapeaux qui
se rabattent sur les épaules. Cette suppression étoit motivée par
les innombrables abus, par l'impunité des assassinats que ce
costume entraîne : il a fallu céder. Un peu de résistance mettoit
l'Espagne en feu. Revenons.

Cette médaille d'Héliogabale prouve donc que l'habit de
dessus, dont nous avons revêtu Esther, étoit du Costume syrien.
Une autre médaille, dont nous parlerons dans un des articles
qui doivent suivre celui-ci, et que nous rapporterons comme
autorité, figure première, planche troisième, vient encore en
fournir une nouvelle preuve. Elle représente la Vénus syrienne,
et a été frappée sous Démétrius II, Roi de Syrie. Elle est du
cabinet d'Orléans. Pour faciliter à nos Lecteurs l'examen de
l'habit de dessus dont elle est couverte, nous l'avons coloriée.
Le plaisir d'être utile et de ne laisser rien, ou le moins possible,
à desirer, ne sera jamais mis par nous en balance avec les
dépenses qui pourront excéder celles que nous nous sommes.

M

proposé de faire. Cette livraison et la précédente le démontrent mieux que tout ce que nous pourrions dire. Cette
figure porte, par-dessus son voile, une coëffure que quelques
Auteurs ont crue composée de plumes. Un peu d'attention
auroit pu leur indiquer très-facilement leur erreur. On voit,
dans la médaille d'Héliogabale, que ce Prince tient une branche
de palmier, ce qui désigne la Syrie, qui étoit très-fertile en
palmiers. Jéricho, ville de Syrie, étoit appellée la ville des
palmiers; ainsi cette coëffure, prétendue de plumes, que l'on
apperçoit sur la Vénus Syrienne, consiste en quelques feuilles
de palmiers, marque distinctive du pays où la Déesse étoit
adorée. Ce qui prouve que les Anciens étoient très-exacts à
désigner ainsi les lieux par des attributs connus et particuliers à
chacun d'eux, c'est une autre médaille qui est citée par Mont-
Faucon. Elle fut frappée par une Colonie Syrienne qu'Agrippa
conduisit à Nîmes. Elle représente un palmier. Sous cet arbre est
un animal, que nous croyons être un crocodile. Cette médaille
est entre les mains de l'Artiste laborieux et éclairé auquel on
doit la plus forte partie des recherches qui peuvent donner
un grand prix à cet Ouvrage.

La figure cinquième de la seconde planche représente une
femme Dace. — Les Daces ou *Dakes* composoient cette partie des
Anciens Gètes qui habitoient au Nord du Danube. Strabon,
Livre VIII, avoit donné ce nom aux Gètes établis le long du
Danube, depuis les frontières de la Germanie jusqu'aux Cata-
ractes. Selon Pline, il avoit été proprement celui des Gètes
que les Sarmates Yasiges avoient chassés des plaines et obligés
de se cantonner dans les montagnes de la Haute-Hongrie et
de la Transylvanie. Ce que l'on peut induire d'à-peu-près certain
du rapprochement des meilleurs Géographes de l'Antiquité,
c'est que les noms de Daces et de Gètes n'étoient ceux d'aucune
Nation particulière, mais une dénomination vague, à laquelle
on donnoit plus ou moins d'étendue, suivant l'état politique

où ces Peuples se trouvoient au temps de l'Ecrivain qui avoit à en parler, et encore suivant le plus ou le moins d'exactitude avec laquelle il s'exprimoit. Au reste, le premier, le vrai nom de ces Peuples divisés par cantons, et connus sous diverses dénominations, étoit *Mysi*. Homère le leur donne, et ils le reprirent sous la domination romaine. Il faut bien se garder de confondre les Daces avec les Dranges, comme l'a fait Rhodomannus. Les Dranges habitoient l'Asie, et les Daces n'ont jamais habité que l'Europe.

Nous avons profité de la citation de cette figure Dace pour donner un éclaircissement court, mais certain, sur cette Nation peu connue des Daces, et qui a été la cause de beaucoup d'erreurs chez nos Historiens modernes.

La figure que nous avions quittée et que nous reprenons, est tirée de la colonne trajane. Son habit de dessus n'est pas exactement coupé comme celui que l'on apperçoit sur la figure d'Isis, dans la planche première. Il se rapproche de la forme du *Sagum* gaulois, comme le précédent tient à la coupe de la Chlamyde grecque. Il est arrêté sous la poitrine par un gros nœud. Sur Isis, il est fixé au manteau. A la figure 2 de la planche première, il paroît tenir à une espèce de ceinture dont on ne voit pas la terminaison. A la figure d'Héliogabale, il est assujetti par une pierre précieuse formant agraffe. C'est au moins ce qu'on peut présumer, car la médaille qui nous a servi de guide étant trois fois plus petite que le dessin que nous en avons fait graver, il est impossible d'y bien distinguer les détails.

La figure N°. 2 de la planche troisième est celle d'Agamemnon, du beau vase de Médicis. Nous l'avons rapportée comme un chef-d'œuvre fait pour être connu, et pour donner en même temps une idée juste des rapports que l'on peut remarquer, chez les différens Peuples du Monde, dans l'expression des sentimens de la douleur. Nous allons y revenir.

M 2

Nous n'avons cité et gravé la figure N°. 3 que pour faire connoître la forme des anaxyrides, chaussure ou demi-vêtement particulièrement propre aux Nations que les Grecs et les Romains appelloient Barbares. Cette figure représente un Soldat Germain. Les soldats de la Germanie étoient vêtus de différentes manières. Nous les ferons connoître, quand les circonstances placeront à propos ces détails : nous ne promettons pourtant pas d'entrer dans des développemens bien étendus. Les observateurs les plus actifs sont trop heureux de saisir çà et là des idées à-peu-près justes et certaines des anciens Peuples de la Germanie ; Peuples qui sont déjà fort oubliés, et qui le seroient entièrement pour la plupart, si les Romains ne les eussent pas fait figurer sur les monumens de leurs conquêtes. C'est encore un très-grand bonheur que les monumens des Romains n'aient pas été faits d'airain ; car tout monument formé d'un métal dont les hommes sont avides, ne parvient que difficilement à une postérité très-éloignée, quelle que soit d'ailleurs sa perfection. Les Auteurs anciens nous ont transmis une foule de descriptions des chefs-d'œuvres produits par les Scopas, les Praxitèles, etc. Les descriptions parlent, mais les monumens n'existent plus. S'ils eussent été faits de marbre, ils vivroient encore ; nous les verrions, nous les admirerions, parce qu'ils auroient pu parvenir jusqu'à nous. L'avarice des hommes n'en auroit pas pu composer une monnoie courante, ni les amalgamer avec d'autres métaux, pour en faire des instrumens de mort.

Nous ne finirons pas cet article sans relever une erreur très-grave dans laquelle est tombé le célèbre Winkelmann. Plus on doit de considération à ce savant Antiquaire, pour les recherches exactes qu'il a faites sur les Arts ; plus son autorité est respectable ; plus elle peut par conséquent entraîner ses Lecteurs, ou Amateurs, ou Artistes ; ainsi plus il est essentiel d'indiquer les passages de ses livres où il a marché à côté de la vérité. Il dit, par exemple, dans son Histoire de l'Art,

que la robe de dessus, dont nous venons de parler, étoit tout
uniment quarrée, et qu'elle consistoit ordinairement en deux
longues pièces de drap, sans coupe et sans forme. Comment
un homme aussi éclairé que Winkelmann a-t-il pu tomber
dans une pareille erreur ? S'il avoit seulement pris la peine de
considérer attentivement la statue d'Isis et toutes les autres
statues que nous venons de rapporter, il auroit vu clairement
que dans le vêtement dont il est ici question, il ne se trouve
que deux angles qui deviennent supérieurs lorsque l'habit est
étendu, et qui s'inclinent vers la partie inférieure de la stature,
lorsqu'il est exposé sur le corps. Le seul reproche, au reste, que
l'on puisse faire à ce savant et très-savant connoisseur, c'est
d'avoir un peu légèrement étudié les vêtemens antiques, de ne
s'être point assez appliqué à connoître leurs formes, leur coupe,
les distinctions qui les différencioient, et de les avoir quelquefois confondus dans leur application locale. Et ceci n'est point
surprenant. Quelque éclairé, quelque studieux que soit un
homme de lettres, il seroit difficile qu'il connût les secrets et
les développemens du Costume antique, comme les connoissent
les Artistes, qui, s'exerçant tous les jours et comparant sans
cesse les détails dont ils font usage, parviennent ainsi par le
travail à la connoissance de la vérité. Un amateur, pour chercher
à découvrir la forme des habillemens antiques, tourne les
figures qu'il veut examiner. Quand ces figures tiennent à un
fond, comme celles qui forment les bas-reliefs, il est impossible
qu'il ne perde pas la tenue des vêtemens, au point où le relief
cesse d'exister. Quel moyen donc de se satisfaire sur un objet
si intéressant pour bien connoître l'antiquité ? Celui dont nous
avons parlé à l'article d'Oreste, en donnant la description du
Pallium ; de modeler des figures, de les couvrir de draperies
souples, et de consulter le résultat des plis. Or, il n'y a cer-
tainement que les Artistes qui puissent avoir ce courage, ce zèle
qui tient à la passion d'un état qu'on aime d'autant plus qu'on

a eu plus de peine à en bien saisir les ressources et à en vaincre les difficultés.

* * *

MARDOCHÉE, dans la même Tragédie.

Mardochée est Juif : ainsi, c'est dans l'Ecriture même qu'il faut chercher le Costume qu'il convient qu'il porte au Théâtre. Avant de nous en occuper, qu'il nous soit permis de jetter un coup d'œil sur l'Histoire d'Esther. Comme cette Histoire n'est point article de foi, le droit que nous prenons de l'examiner ne sauroit être considéré comme impiété, ni même comme licence. Peut-être d'ailleurs y aura-t-il utilité.

Le Livre d'Esther dit, « que le Roi Darius (1) donna, dans la troisième année de son règne, un festin magnifique à tous les Grands de sa Cour, à tous ses Officiers, aux premiers d'entre les Mèdes, et aux Gouverneurs de ses Provinces. » Ce devoit faire un festin et très-nombreux en convives et très-dispendieux, puisque, suivant l'Ecriture, Darius commandoit sur cent vingt-sept Provinces, depuis les Indes jusqu'à l'Ethiopie, et que le festin dura pendant cent quatre-vingt jours.

Que l'on se rappelle les Contes Orientaux, et l'on verra s'ils ne sont pas tous imaginés sur le ton de ce préambule exagérateur et romanesque. Nous parlerons, tout-à-l'heure, de la richesse incroyable qui présida aux décorations et à tous les accessoires du festin. Les richesses réunies de trois Empires comme le Mogol n'y pourroient pas suffire. Arrivons aux faits.

« Pendant que Darius traitoit les Hommes, la Reine Vasthy, son épouse, (Atossa) traitoit les Dames. Sur la fin des cent quatre-vingt jours, le Roi imagina d'inviter aux restes du festin

____

(1) Voyez D. Calmet, Hist. de l'ancien & du nouveau Testament, Tom. I. pages 826 — 38.

MARDOCHÉE

tout le Peuple de Suse, et le septième jour de cette invitation, qui étoit le dernier de la fête, comme il étoit plus gai qu'à l'ordinaire, il envoya, dans la chaleur du vin, sept de ses principaux Eunuques pour ordonner à la Reine de se rendre au festin le diadême (1) en tête, afin de faire voir sa beauté à tous les Peuples, parce qu'elle étoit extrêmement belle. Vasthy refusa de venir, en s'appuyant sur une ancienne loi du Pays, qui ne permettoit pas aux femmes d'honneur de se faire voir dans les festins des hommes. Sur ce refus, le Roi se mit en colère, consulta les Sages sur la punition que méritoit Vasthy; et les Sages ayant conclu que l'exemple de cette Reine pourroit avoir les suites les plus fâcheuses pour les maris Mèdes et Persans, à qui leurs femmes avoient coutume d'obéir, opinèrent pour que le Roi répudiât Vasthy et lui ôtât le diadême, afin de le donner à une autre qui en seroit jugée plus digne. »

Voilà donc une Reine répudiée, parce qu'elle n'a pas voulu, sur l'ordre d'un Roi ivre, d'un époux sans délicatesse, se rendre à un repas où elle ne devoit trouver que des gens ivres! La voilà déclarée, par des Sages, indigne du diadême, parce qu'elle a fondé un refus, dicté d'abord par la pudeur et par un sentiment recommandable de respect pour soi-même, sur une loi du Pays dont elle est Reine! Ceci a-t-il besoin de réflexions? Nous ne l'imaginons pas. Suivons.

« Le Roi, après avoir répudié Vasthy, a besoin d'une femme. On cherche dans toutes les Provinces de l'Empire les plus belles personnes qu'on peut trouver, et on les lui amène. Parmi elles se trouve une Juive, nommée Edisse ou Esther, orpheline de père et de mère, élevée jusqu'alors par Mardochée, son oncle.

---

(1) Il existe un texte qui dit que la reine Vasthy reçut l'ordre de se rendre *nue* au festin du Roi. Nous ne prenons pas ce texte, qui nous donneroit trop d'avantage, dans le résultat que nous voulons tirer du récit que nous faisons de cette incroyable histoire.

Dès qu'elle paroît, voilà le Roi *ennamouré;* voilà qu'il épouse; voila qu'il ceint du diadême le front de la belle Esther. » Et tout cela, sans demander si elle est Mède, Persanne, ou née dans quelque Pays éloigné; sans savoir qui elle est, à qui elle tient, quelle est sa famille; sans que personne sache à Suse où le Roi avoit fixé sa demeure la plus ordinaire, et où Esther étoit établie, qu'elle étoit Juive et nièce du Juif Mardochée, avec qui elle vivoit. Il ne peut y avoir dans de pareilles rêveries ni vérité ni vrai-semblance.

« Mardochée ne veut pas profiter de la *bonne fortune* de sa nièce, et il reste à la porte du Palais pour savoir des nouvelles de la santé de la Reine. Là, le hasard, qui cherche à l'occuper, lui fait découvrir une conjuration formée contre le Roi. Il en instruit Esther, qui en informe Darius. On punit les coupables; on inscrit sur un registre le nom du sujet dont l'avis salutaire a conservé la vie du roi. » Et on ne demande point à savoir quel est ce Mardochée qui a rendu, sinon à l'Etat, au moins au Roi, un service aussi important! Mais ce Roi Darius, que l'Histoire d'Esther nomme Assuérus, et qui, sans avoir été un Grand Homme, fut très-éloigné d'être un homme médiocre, joue dans tout ce Roman le rôle d'un imbécille et d'un ivrogne. L'inspi-ration de l'Esprit Saint ne paroît point du tout ici, car cer-tainement si elle y étoit pour quelque chose, le rapport des faits et des caractères seroit conforme à la vérité démontrée par l'Histoire.

« Quelques années après, Aman devient le favori du Roi. On fléchit le genou, on se prosterne devant lui. Le Roi en avoit donné l'ordre. Tout le monde s'y soumet, excepté Mardochée. » Il étoit bien fier et bien imprudent, cet oncle inconnu d'Esther! « Aman fut indigné de son insolence; et ayant appris qu'il étoit Juif, il forma la résolution de l'exterminer, lui et toute la race hébreuse. Suivant la coutume des Perses, Aman consulta les sorts, qui fixèrent l'exécution de son projet à un an de cette

époque;

époque ; et, quand il a obtenu d'Assuérus, ce qui ne lui est pas difficile, la permission de massacrer tous les Juifs, en vertu d'une Ordonnance Royale, et scellée du sceau de Darius, il la fait, sans délai, proclamer. Calmet dit, *Afficher.* »

On peut supposer que pour plaire à un homme tel que Darius, fils d'Hystaspe, pour avoir sa confiance, pour mériter de *porter son anneau*, il ne falloit pas être un sot. Quelle idée néanmoins peut-on prendre de la conduite que tient Aman ? D'abord il se fâche de ce qu'un Juif obscur ne le salue pas. Il a tort : le Juif n'en valoit pas la peine. Mais puisque Mardochée désobéit à l'ordre du Roi, rien de plus facile que de le faire sortir de Suse. Un mot à Darius, et le bannissement étoit sûr. Au fait, Mardochée étoit un insolent. Mais, dira-t-on, Aman étoit un scélérat. Nous le voulons bien ; le Jésuite le Tellier en étoit un aussi, et les François lui ôtoient leurs chapeaux, sans l'estimer. Il y a des bienséances qu'on est coupable de ne suivre point. Supposons néanmoins qu'il passe par la tête d'un homme en place de se venger de l'impertinence d'un seul homme, sur toute une grande corporation. S'il obtient du Souverain l'ordre d'exterminer cette corporation, & que l'époque du carnage soit fixée à un an, il n'ira pas, s'il n'est point en démence, faire afficher son ordre un an avant l'exécution. Il ne sera pas assez indiscret pour dire à ses ennemis : « J'ai juré votre perte ; dans un an vous serez exterminés. Rien ne peut vous sauver de ma haine. Je vous laisse néanmoins un an, pendant lequel vous pourrez voir comment vous vous déferez de moi. Tous les moyens doivent vous convenir ; car, de quelque manière que tournent vos projets de salut, il ne peut vous arriver riende pis que la mort ; et, dans tous les cas, vous vous devez la mienne ». Or, voilà ce que disoit Aman aux Juifs, en faisant publier, un an d'avance, l'arrêt par lequel Darius ordonnoit que les Juifs fussent mis à mort le *treizième jour d'Adar, douzième mois de cette année*, avec leurs femmes et leurs enfans. Ce n'est pas de l'orgueil, c'est du délire qu'on voit ici.

N

Passons vîte sur le service rendu par Mardochée, qu'une lecture rappelle au Roi ; sur le triomphe de ce Juif ; sur le supplice d'Aman, qui, après avoir conduit Mardochée par toute la Ville sur le cheval du Roi, du Roi dont il a sauvé la vie, conserve encore dans sa cour une potence, haute de cinquante coudées, qui ose dire à ceux qui le questionnent, qu'elle est destinée à Mardochée ; et arrivons à un fait bien important.

Aman avoit voulu détruire les Juifs. Dès que la Reine est reconnue pour être Juive, ses compatriotes font main-basse sur les Sujets du Roi ; ils tuent cinq cents hommes dans la seule Ville de Suse. Quelque indiscrette qu'elle soit, cette vengeance n'est point surprenante ; rien de si disposé au meurtre que le peuple Juif, et pas d'Histoire au monde qui abonde plus en massacres que l'Histoire de cette Nation. Voici l'inconcevable. Le Roi est informé du massacre. Il demande froidement à Esther, si elle veut que le carnage continue. La Reine répond affirmativement ; elle exige qu'on pende les dix fils d'Aman. Le Roi consent à tout, et soixante-quinze mille hommes innocens sont immolés dans tout l'Empire de Darius, pour expier un projet insensé, auquel ils n'avoient eu aucune part. Ici la raison ne peut plus se contenir ; et comme, nous le répétons, il n'est pas question d'un article de foi, d'un de ces profonds et incommensurables mystères auxquels notre salut est attaché, nous oserons dire, qu'il n'y a rien de si révoltant, de si scandaleux, de si étranger à la Sainte Ecriture, que ce Livre d'Esther ; qu'il n'est ni dans la nature, ni dans la vérité, ni dans l'ordre des probabilités, qu'une jeune femme juive, parvenue au Trône, ait été assez cruelle pour ordonner de sang froid le meurtre dans tout l'Empire de son époux ; assez dépourvue de sens et d'adresse pour suivre un conseil de cette espèce, si on avoit osé le lui donner ; enfin, que loin de mériter la protection d'un Dieu juste, et de voir son Histoire réunie à celle de l'Ancien Testament, une femme telle qu'on nous peint Esther, ne pourroit qu'être odieuse à la Terre qu'elle auroit désolée, et au Ciel qu'elle auroit abominablement calomnié, en ordonnant le carnage en son nom.

Le Livre d'Esther est, vraisemblablement, un ouvrage d'imagination, fait par un ignorant qui avoit quelque esprit, qu'on aura lu avec un certain intérêt, parce qu'en effet on y en trouve, et que les Juifs auront reconnu; par vanité, par la seule raison qu'ils y ont vue une Juive devenue Reine dans le même Pays où elle étoit captive avec le reste de sa Nation.

Nous nous sommes proposé d'être quelquefois utiles à l'éducation des adolescens dans le cours de cet Ouvrage; c'est dans ce but que nous nous sommes livrés à l'examen critique du Livre d'Esther. Le temps est venu où il faut parler à l'Homme, sur-tout dans la jeunesse, le langage de la vérité, même en matière de Religion. Il est sans doute des mystères qu'il seroit dangereux d'approfondir; mais pour apprendre à révérer le Christianisme et les points de la Foi Chrétienne, il n'est pas nécessaire d'exiger de la raison humaine qu'elle croie que des Romans barbares sont des vérités saintes, ni qu'on puisse plaire à Dieu et mériter ses bienfaits, en se livrant aux plus affreux des sentimens, la vengeance, la haine et l'amour du carnage. Jeunes gens ! toutes les fois que vous lisez, ou qu'on vous récite un fait où éclatent la toute-puissance, la grandeur, la bonté, la miséricorde infinie de la Divinité, croyez qu'il vient de Dieu. Rejettez de votre foi tout ce qui vous peint un Dieu barbare. C'est un méchant qui, le premier, a fait la Divinité jalouse et cruelle. Ouvrez le Nouveau Testament. Que vous ordonne Jesus-Christ? d'aimer et de pardonner: voilà toute la loi. Comparez-la à l'Histoire d'Esther, et la fausseté de celle-ci est démontrée. Retournons à ce sombre Mardochée, que peut-être on nous pardonnera d'avoir quitté si long-temps.

Le premier vêtement de Mardochée seroit assez désagréable, si on suivoit le Livre d'Esther à la lettre. Cette Histoire dit, qu'il se revêtit d'un sac, qu'il se couvrit la tête de cendres, et qu'il demeura à la porte du Palais, parce qu'il n'étoit pas permis d'y entrer revêtu d'un sac : ce qui est très-aisé à croire.

Racine, pour introduire ce Personnage, feint qu'Esther soupçonne quelque chose de surnaturel dans son introduction :

> Que vois-je ! Mardochée ! O mon Père ! est-ce vous ?
> Un Ange du Seigneur, sous son aîle sacrée,
> A donc conduit vos pas et caché votre entrée ?
> Mais d'où vient cet air sombre, et ce cilice affreux ;
> Et cette cendre, enfin, qui couvre vos cheveux ?

Ce mot cilice est plus noble que sac, et il présente pour nous une autre idée que celle que nous attachons au dernier. Mais il n'en étoit pas de même chez les Anciens. Le deuil de presque tous les Peuples de l'Antiquité consistoit à se couvrir de vêtemens négligés ; et l'habit que l'Ecriture, ou les Juifs Romanciers, qu'il ne faut pas confondre avec l'écriture, appellent sac et cilice, n'est autre chose que l'*Exomide*, habit ordinaire des Esclaves, et que revêtoient quelquefois les Philosophes qui affectoient le dédain des choses humaines. C'étoit l'habit de Diogène le cynique. Il étoit noir ou brun quand on le prenoit pour cause de deuil. Il étoit tissu de poil de chameau, c'est-à-dire de l'étoffe que nous appellons camelot, quoique celle dont on fait usage en France soit plutôt faite avec du poil de chèvre qu'avec du poil de chameau. On le ceignoit avec une corde ou avec une bande de cuir. Nous avons préféré la bande de cuir, parce qu'elle est moins fâcheuse à l'œil. D'ailleurs, au Théâtre, une corde sur une tunique brune ne rappelleroit d'autre idée que celle ou d'un pénitent, ou d'un malheureux réduit à la plus affreuse indigence, et il faut repousser d'un tableau ce qui afflige le goût sans avoir un but d'utilité indispensable. Les Juifs marchoient ordinairement pieds nuds. Dans la position où se trouve Mardochée, qui porte le deuil précurseur de l'extinction de tout un Peuple dont il est membre, il est impossible qu'il porte une chaussure. Nous l'avons placé dans un appartement, dont nous supposons que l'issue conduit à un jardin tenant au palais d'Assuérus, dans le sallon même où se tient ordinairement Esther. Le Chapitre Ier. de l'histoire d'Esther dit au verset 5, que le jardin attenant ce palais avoit été planté de la main des Rois; ce qui est impossible; car d'abord jamais les Rois Persans n'ont été Cultivateurs, et à l'époque dont est question, Cyrus, Cambyse, Smerdis le Mage et Darius, n'avoient pu ni l'un ni l'autre s'occuper de plantations. Le voile qu'on apperçoit est bleu céleste ou couleur d'hyacinthe, car il paroît que l'Ecriture ne fait qu'une couleur de ce qui pour nous en fait deux par les nuances. On peut consulter là-dessus l'histoire d'Esther, à l'endroit où elle rapporte la description du repas de cent quatre-vingts jours, donné par Assuérus. Voici ce qu'en dit Calmet. Nous le copions mot à mot.

« On avoit tendu de tous côtés des toiles de bleu céleste, » de blanc et d'hyacinthe, qui étoient soutenues par des cordons » de byssus teints en écarlate, qui étoient passés à des anneaux » d'ivoire et attachés à des colonnes de marbre. Des lits d'or » et d'argent étoient rangés autour des tables, sur un pavé » d'émeraudes et de marbre blanc, qui étoit peint de diverses » couleurs avec une variété incroyable. Ceux qui étoient invités » à ce festin buvoient en des vases d'or à rechange : on y servoit » d'excellent vin, et chacun buvoit avec une entière liberté, etc.

Nous avons cherché, dans le dessin d'Esther, à donner une idée de la disposition de tous ces ornemens.

Mardochée tient entre ses mains l'arrêt que le favori d'Assuérus a obtenu de son maître, et qui ordonne la destruction de toute la race Juive. Il semble dire à Esther :

> Lisez, lisez l'arrêt détestable, cruel....
> Nous fommes tous perdus, et c'est fait d'Israël.

Nous avons encore quelque chose à dire sur le costume de Mardochée, parce que cet costume ne peut pas être à la fin de la pièce, le même qu'il est au commencement. Nous en parlerons à l'article d'Aman.

ZARÈS, *Femme d'Aman*, *dans la même Tragédie.*

Après ce que nous avons dit à l'article d'Esther, il ne nous reste rien à dire pour celui de Zarès. Nous n'avions d'autorité précise et locale à rapporter que cette figure de femme que Corneille de Bruyn a recueillie des ruines de Persépolis, Tome II, page 169, et que nous avons empruntée de son ouvrage. Nous ne pouvons que la rappeller.

Nous avons donné le pallium à Zarès. C'étoit chez les Anciens, comme nous croyons l'avoir déjà dit plusieurs fois, le seul manteau qu'on portât dans l'état civil. Il étoit spécialement consacré aux personnes d'une certaine considération. Il devoit principalement servir aux femmes riches, qui n'étant point assujetties à des marches forcées, à des fonctions gênantes, devoient, par l'amour même du luxe et de la parure, préférer un manteau vaste et un peu lourd, mais noble et riche, à un vêtement plus commode, mais moins susceptible d'annoncer la dignité ou la haute considération.

Le manteau de Zarès est posé sur son épaule droite, il passe sur la poitrine, retourne sur le dos, puis revient sur le bras droit. Zarès soutient de la main gauche un pan de ce manteau pour monter plus facilement vers le sallon, dont la porte qui donne sur la scène doit être fermée. Nous lui avons donné le voile que portoient toutes les femmes Syriennes. Il étoit blanc et n'avoit pas beaucoup d'ampleur. On conserve au cabinet d'Orléans une médaille de Démétrius II, Roi de Syrie, réprésentant une Vénus qui porte ce voile. La forme ne s'y distingue que difficilement. Nous l'avons étudiée, pour ainsi dire, avant d'en donner le dessin, et nous ne croyons pas nous être trompés.

Chéry inv. et Del.   Rédé Sculp.

ZARÈS

Déployé, ce voile formeroit un quarré long; posé en travers sur la tête, les deux bouts brisent le quarré en retombant sur les épaules. Si l'on jette les yeux sur quelques figures égyptiennes, on trouvera dans leur coëffure quelque analogie avec celle que nous avons donnée à Zarès. Qu'on examine principalement les sphinx : on ne leur voit point de cheveux. Une espèce de bandeau ceint leur front. Sur ce bandeau est une avance formée par la draperie qui couvre la tête entière, dont deux morceaux plats vont, par le long du col et des épaules, retomber sur la poitrine. L'analogie est frappante. D'ailleurs, il ne faut pas laisser perdre de vue que tout ce qu'il est impossible de retrouver du goût des Persans, il faut le rechercher en Egypte, où ils avoient pris leurs modèles.

Le manteau de Zarès est de couleur hyacinthe. Nous ne sommes pas bien certains, par l'histoire, que ce fût la couleur la plus distinguée à la Cour de Perse où la pourpre étoit connue et en usage : mais comme Racine a pris le Livre d'Esther pour autorité et pour guide, dans sa Tragédie, nous l'imitons dans une partie de nos recherches, et nous avons aussi adopté la couleur hyacinthe, comme celle que l'écriture cite de prédilection dans toutes ses cérémonies. Cette couleur, en la supposant la plus précieuse de ce temps-là, pouvoit convenir à Zarès, puisqu'elle étoit l'Epouse du premier Homme de l'Etat, après le Roi.

L'attitude de Zarès et son mouvement se rapportent à ces deux vers, qui commencent le quatrième Acte.

> C'eft donc ici d'Esther le superbe jardin ;
> Et ce fallon pompeux est le lieu du festin.

'A M A N, *dans la même Tragédie.*

Nous n'avons rien dit encore du caractère des personnages que Racine a placés dans sa Tragédie d'Esther : il est pourtant nécessaire d'en dire quelque chose ; c'est ce que nous allons faire assez brièvement pour ne pas ennuyer, et néanmoins de manière à en donner une idée juste.

Le rôle d'Assuérus est d'une extrême foiblesse. Emporté ou capricieux tour-à-tour, ce Prince, également susceptible d'aimer comme de haïr, sans discernement et sans choix, punit comme il récompense, sans prendre le temps de la réflexion. Il a plutôt de la vanité que de l'orgueil, et tout le mérite dont il se pare, consiste dans l'usage d'un luxe qui n'a jamais été celui de Darius, fils d'Hystaspe, luxe digne de la lampe merveilleuse des Mille et une Nuits, et de la fameuse Bourse de Fortunatus. Le seul moment où Assuérus se montre avec des sentimens dignes d'un Roi, est celui où il s'échauffe contre l'oubli du service que lui a rendu Mardochée. Ces vers sur-tout sont très-remarquables,

> De soins tumultueux un Prince environné,
> Vers de nouveaux objets est sans cesse entraîné.
> L'avenir l'inquiète, et le préfent le frappe ;
> Mais plus prompt que l'éclair le passé nous échappe :
> Et de tant de mortels à toute heure empressés,
> A nous faire valoir leurs foins intéressés,
> Il ne s'en trouve point qui, touchés d'un vrai zèle,
> Prennent à notre gloire un intérêt fidèle,
> Du mérite oublié nous fassent souvenir ;
> Trop prompts à nous parler de ce qu'il faut punir.

Le rôle d'Esther est plus aimable qu'il n'est touchant. Sa sensibilité, sa grace, sa timidité intéressent doucement. Si on la voyoit plus exposée, qu'elle ne l'est, aux dangers qui menacent

les

AMAN

(105)

les Juifs, si la position dans laquelle elle se trouve ne rassuroit
pas sur tout ce qu'elle peut avoir à craindre, elle intéresseroit
davantage. Au reste, une Actrice intelligente pourroit tirer un
assez grand parti de ce rôle, tandis qu'il seroit très-difficile de
donner même un peu de caractère à celui d'Assuérus.

Nous ne dirons rien d'Hydaspe, dont le personnage est celui
d'un Confident qui pourroit être quelque chose, s'il n'étoit pas
tout entier dans une seule Scène, qui est la première du second
Acte. Nous ne parlerons dramatiquement du personnage de Zarès,
que pour dire que son rôle, quoiqu'absolument inutile à l'action,
offre pourtant une Scène parfaitement belle, et pleine des plus
excellentes maximes. Une Comédienne qui dédaigneroit ce rôle
parce qu'il n'a qu'une Scène, ne mériteroit jamais de recueillir
le moindre des applaudissemens dont il est possible de s'y procurer la jouissance.

Mardochée n'offre pas un rôle beaucoup plus important. Il
avertit du danger imminent des Juifs. Voilà sa véritable utilité
agissante. Il est le motif de la première humiliation d'Aman,
dont il présage ainsi la chûte ; mais ce motif résulte du fond
de l'action et non des développemens du rôle. Ainsi, encore peu
de parti à tirer de ce personnage.

Ce qui peut servir les Comédiens et le public dans tous ces
personnages si foibles et si passifs, c'est qu'ils parlent tous un
langage enchanteur, et qu'il n'y a pas de mélodie plus douce
que celle des vers qui expriment leurs sentimens et leurs pensées.
Le style, le goût, la grace et la sensibilité forment par-tout
le plus grand charme du talent de Racine.

Le caractère d'Aman est le mieux fait de l'ouvrage. Nous
ne pensons pas tout-à-fait comme M. le Franc de Pompignan,
qui a dit, dans une lettre à *Louis* Racine, fils de *Jean* Racine :
Les effets de l'ambition ne sont nulle part représentés avec autant de
vérité que dans le personnage d'Aman. Il y a beaucoup de rôles
qui, par les développemens que les Auteurs ont pu s'y per-

O

mettre , représentent les effets de l'ambition avec plus de vérité que celui d'Aman. Mais il est bien sûr que si la Tragédie d'Esther n'avoit pas été faite pour Saint-Cyr , que si Racine n'avoit pas été obligé de subordonner ses détails aux possibilités des Acteurs qu'il lui falloit employer (1), enfin qu'il eût pu étendre ce rôle comme il a étendu Narcisse ; nul portrait de l'ambition subalterne , placé sur le Théâtre , n'auroit été plus parfait. Aussi , quoique le personnage d'Aman ne soit pas tout ce qu'il pourroit être , est-il supérieur à tous les autres , et susceptible même de produire un grand effet à la Scène , sur-tout entre les mains d'un Comédien habile. Aman est haineux, souple, adroit, vindicatif, profond , tant qu'il est en faveur : il ne paroît timide et lâche que lorsqu'il est disgracié. C'est la fin ordinaire de tous ceux qui parviennent à un crédit qu'ils ne méritoient pas , et dont par conséquent ils ont été les usurpateurs. Passons à son costume.

L'histoire d'Esther ne nous donne aucun indice des vêtemens particuliers à ce favori d'Assuérus. Le premier de l'Empire après son Souverain , il devoit être fastueux et magnifique. Ainsi , en observant la coupe des vêtemens que nous avons démontré devoir être propres aux Persans, et en ne s'écartant pas de la vérité des accessoires de ces vêtemens, on peut le revêtir aussi brillamment qu'on le voudra. Le costume que nous avons donné d'Assuérus , étant applicable aux Persans, a déjà dit tout ce qui peut contribuer à celui d'Aman. Hors le diadême qui est propre au Roi , tout le reste se ressemble. Cette ressemblance motivée par le simple raisonnement, l'est encore par ces vers que dit Aman à Hydaspe, Scène première du troisième Acte :

> Mes richesses des Rois égalent l'opulence.
> Environné d'Enfans , soutiens de ma puissance,
> Il ne manque à mon front que le bandeau royal.

---

(1) Je crois qu'il est bon d'avertir ici , que bien qu'il y ait dans Esther des personnages d'hommes, ces personnages n'ont pas laissé d'être représentés par des filles avec toute la bienséance de leur sexe. (*Préface d'Esther*).

Ainsi, jusqu'à l'instant où, après avoir été la cause indirecte et involontaire du triomphe de Mardochée, il en a encore été le proclamateur, Aman reparoît sur la scène ; ce favori d'Assuérus peut paroître aussi brillant, aussi fier que son maître. Il ne doit pas conserver la même fierté, ni la même manière de porter ses vêtemens, après son humiliation. Le Chapitre VI du Livre d'Esther, qui doit nous servir d'autorité principale, dit qu'après avoir conduit Mardochée en triomphe, *Aman s'en retourna chez lui, en grande hâte, & la tête couverte*. Nous nous sommes conformés à ce texte, pour faire connoître comment le Ministre de Darius doit arranger ses vêtemens en reparoissant, après le triomphe de Mardochée.

C'est ici le lieu de reparler de cet oncle d'Esther, et de la variété que doit éprouver son costume. Au second Acte, il est couvert d'un cilice, parce qu'il est pénétré d'une douleur profonde. Quand il revient au cinquième, il a été promené en triomphe, revêtu d'un manteau royal, et de toute la pompe asiatique. Il n'a pas conservé les vêtemens dont il étoit couvert, mais il ne peut pas avoir repris son cilice. Une tunique simple ou un manteau noble, sans être brillant, tel doit être son habit. Et que l'on considère qu'il peut résulter quelque chose de ce mouvement des deux costumes d'Aman et de Mardochée. Au commencement de l'ouvrage, l'homme juste, en suivant les idées de Racine, est en proie à l'affliction et au deuil, et le méchant triomphe : à la fin, c'est le méchant qui est tourmenté par le remords et par la honte, et c'est l'homme juste qui élève vers le ciel une tête innocente, et qui commence à jouir des honneurs qu'on doit à la vertu. C'est ainsi qu'au Théâtre tous les arts, tous les moyens peuvent, quand ils sont bien dirigés, contribuer à faire ressortir le but moral des ouvrages dramatiques, lorsque toutefois ils en ont un ; or, celui d'Esther est très-marqué.

Nous avons donc couvert la tête d'Aman, pour exprimer

sa consternation et son inquiétude. Son manteau est un Pallium. Il porte l'Anaxyride. Nous parlerons de ce vêtement-chaussure dans un prochain article, où nous pourrons lui donner plus d'évidence. Pour couvrir la tête d'Aman, nous avons été obligés de ramener en avant les pans de son pallium, que, sans cela, nous aurions autrement placés. La chaussure que nous lui avons donnée est celle d'un Roi Parthe ou Arménien dont on voit la figure dans la cour du Capitole, du côté des salles du Conservatoire. Elle se rapporte beaucoup à celle tirée des ruines de Persépolis, que nous avons gravée N°. 13 de la planche au trait, que nous avons jointe à celle qui représente Assuérus ou Darius. Nous avons nommé ce Roi de Perse tantôt sous le second, tantôt sous le premier nom, parce que nous y sommes autorisés par une identité démontrée.

Quant à la figure d'Aman, et à l'expression que nous lui avons donnée, nous ne dissimulons pas que nous avons pris pour guide celle d'Agamemnon, dans le sacrifice d'Iphigénie, représentée sur le vase de Médicis, que nous avons indiquée parmi les autorités citées à l'article d'Esther. Notre imitation est pourtant éloignée, autant que le doivent être les sentimens qui agitent Agamemnon dont on va sacrifier la fille, et Aman qui perd son crédit. Entre cette expression de la douleur d'un père qui a jetté son manteau sur sa tête par un mouvement inappréciable, et celle du trouble d'Aman que la honte engage à s'envelopper la tête, on trouve un rapport qui prouve qu'avant qu'on eût fait un art et une étude des convenances sociales, l'expression de certains sentimens étoit la même chez presque toutes les Nations du Monde. Nous serons plus d'une fois à portée d'en donner la démonstration dans le cours de cet Ouvrage ; et ce point de curiosité ne sera pas le moins intéressant de ceux que nous nous sommes promis de remplir.

ELISE

É L I S E, *dans la même Tragédie.*

Non-seulement la Loi des Juifs leur défendoit de faire aucune représentation en figure (Voyez l'Exode, Chapitre XXXIV, verset 17), mais encore elle leur ordonnoit (verset 13) *de détruire chez les Etrangers les autels, de briser leurs statues, de couper les bois consacrés à leurs Dieux.* De pareilles loix ne peuvent pas laisser espérer qu'on trouve des monumens auxquels on puisse avoir recours pour établir le costume de la Nation Juive. Nous ne pouvons guères prendre pour guides que quelques passages de l'Ecriture, les interprétations des Commentateurs, et le costume propre aux Nations limitrophes du pays d'Hersalaïm. Il est certain, nous l'avons déjà dit, et nous aurons l'occasion de le prouver encore, que dans les premiers siècles du monde, les différens Peuples qui s'avoisinoient, présentoient, dans le choix et dans la coupe de leurs vêtemens, une ressemblance assez remarquable. Nous pouvons observer de nos jours qu'il y a très-peu de différence entre les habits que portent les Anglois, les François, les Allemands, etc. Ce sont donc ces très-petites différences qu'il est fort difficile de remarquer et de faire distinguer chez les Peuples dont nous nous sommes engagés à donner le costume. Cependant, si l'on ne se rebute point par les difficultés, si l'on ne regrette pas les études, si l'on n'est point avare de l'attention nécessaire pour bien comparer entre eux les monumens qui nous restent, pour les rapprocher du texte des Auteurs qui nous ont laissé des recherches ou des descriptions capables de nous éclairer et de nous instruire, on finit par découvrir les différences qui distinguent entre eux les Peuples les plus voisins les uns des autres. Si on ne les découvre pas en totalité, au moins est-ce en grande partie, et cette grande partie est, sans doute, suffisante pour autoriser un Artiste dans les conjectures qu'il ajoute à ses recherches.

Le Dessinateur dont les notes sur l'Antiquité enrichissent principalement cet Ouvrage, dont elles sont la première base, a déjà prouvé, par plus d'un exemple, combien les rapprochemens des différens Peuples peuvent jetter de lumières sur la partie des vêtemens qui ont été propres à chacun d'eux, et sur la manière dont ils y ont été adoptés. Les travaux auxquels il s'est livré sur cette partie très-importante et très-inconnue, offriront toujours des détails successivement plus curieux; et c'est ainsi qu'il répondra aux encouragemens que le public a donnés à une entreprise dont il porte presque tout le fardeau, à titre de travail, mais dont lui seul aussi a le droit d'attendre de l'honneur et de la gloire, aux yeux des Artistes et des Amateurs éclairés.

Passons au costume qui doit couvrir Elise, dans la Tragédie d'Esther. Il est absolument Juif : or les filles ou femmes Juives portoient des tuniques comme les femmes des autres pays. Ces tuniques, pour la plupart, étoient sans manches. On peut en donner pour première raison, au moins apparente, que le climat du pays habité par les Juifs n'exigeoit point qu'on fût totalement couvert, et ajouter pour seconde, que la corruption des mœurs n'avoit pas encore introduit ces loix de bienséance qu'on fut, par la suite, obligé de garder avec une telle rigueur, qu'à peine le visage put-il rester à découvert.

Au temps des Rois, les filles portoient de longues tuniques. Thamar, fille de David, étoit vêtue d'*une robe qui traînoit en bas*, quand elle fut violée par son frère Ammon. (Les Rois, L. II. Chap. XIII, verset 18.)

Quelquefois ces tuniques étoient de différentes couleurs, peintes à fleurs ou rayées.

On trouve dans Isaïe des détails d'ajustemens particuliers aux filles Juives, à l'époque du plus grand luxe qui ait été connu chez le Peuple Hébreux. « En ce jour (dit le Prophète, Ch. III, verset 18.) le Seigneur leur ôtera leurs chaussures magnifiques,

(III)

» leurs croissans d'or, leurs colliers, leurs carcans, leurs bra-
» celets, leurs mitres, leurs rubans de cheveux, leurs anneaux
» de jambes, leurs chaînes d'or, leurs boîtes de parfums, leurs
» pendans d'oreilles, leurs bagues, les pierreries qui leur pendent
» sur le front, leurs habits à changer, leurs petits manteaux
» (*Palliola*), leurs habits de lin, leurs aiguilles, leurs miroirs,
» leurs tuniques de grand prix, leurs bandeaux et leurs habil-
» lemens légers. Et leur parfum sera changé en puanteur, leur
» ceinture en une corde, leurs cheveux frisés en une tête nue
» sans cheveux, leurs bandes de corps en un cilice. »

Ezéchiel (Chap. XVI, verset 10 et suivans) parle ainsi des
filles de Jérusalem : « Je vous ai donné des robes en bro-
» deries, et une chaussure magnifique. Je vous ai donné une
» ceinture du lin le plus beau, et je vous ai revêtues des ha-
» billemens les plus fins et les plus riches. Je vous ai parées
» des ornemens les plus précieux. Je vous ai mis des bracelets
» aux mains et un collier autour du cou. Je vous ai donné
» un ornement pour vous mettre sur le front, et des pendans
» d'oreilles et une couronne éclatante sur votre tête. Vous avez
» été parées d'or et d'argent, et de fin lin, et de robes en bro-
» deries de diverses couleurs.

Les Commentateurs et les Antiquaires ne sont pas d'accord
sur la véritable valeur des termes appropriés à ces divers ajustemens. Cependant, il est aisé de voir qu'ils ont beaucoup de
ressemblance avec ceux des Femmes Grecques. Aussi beaucoup
d'Auteurs et d'Artistes éclairés ont-ils avancé et disent-ils encore,
qu'on ne sauroit mieux faire que de prendre les Femmes Grecques
pour modèle du Costume des Filles et des Femmes Juives. Il
faut pourtant en excepter ces ornemens qui pendoient sur le
front, ainsi que celui qui pendoit au nez. (*Nisum*) Gaspard
Bartolini, *De moribus veterum*, Folio 14 et 15, croit que ce
Nisum ou *Nesem* qui pendoit sur la partie supérieure de la bouche,
descendoit du front. Calmet, sur le verset 12, Chapitre XVI

d'Ezéchiel, veut qu'il pendît sur le nez. Il paroît plus probable qu'il venoit se joindre entre le nez et la bouche, en defcendant obliquement des oreilles sur les joues, d'autant qu'on trouve dans quelques interprètes que c'étoit un ornement pour le nez et pour les oreilles. Il se trouveroit posé comme ces bandes qu'on voit sur des figures tirées des ruines d'Herculanum, qui traversent les joues pour venir se joindre sur la bouche, et que les Grecs nommoient φορβειαν (1), Marsyas en fut, dit-on, l'inventeur. Les Mages avoient aussi coutume de couvrir leur bouche avec des bandes, lorsqu'ils alloient rendre hommage au Soleil, afin que leur souffle ne souillât point la pureté de ses rayons. C'eſt ce qui a fait croire à Corneille de Bruyn et à quelques autres Observateurs, que la figure nº. 2. de la planche d'autorités, jointe à l'article d'Assuérus, représente un Mage, parce qu'en effet on y remarque une espèce de voile qui descend obliquement des oreilles à la bouche.

Les pendans d'oreille ont dû être chez les Hébreux les mêmes que chez les Grecs. Il paroît que cet ornement a été familier aux Femmes Juives, dès la plus haute Antiquité, puisqu'elles donnèrent ceux qu'elles portoient à Aaron pour en faire un veau d'or. (Chap. XXII, v. 3 et 4 de l'Exode) La matière

____

(1) Pour prendre l'intelligence de ce mot, il faut savoir que la flûte des anciens étoit très-éloignée de ressembler à la flûte d'aujourd'hui. Elle rendoit un son bien plus éclatant et pareil à celui de la trompette. *Tubæque æmula*, dit Horace. Il falloit donc, pour en jouer, une plus grande force d'haleine que pour la nôtre, et enfler considérablement les joues ; ce qui étoit une chose désagréable à la vue, et qui dégoûta, dit-on, de cet instrument Minerve et Alcibiade. Pour obvier à cet inconvénient, on imagina une espèce de courroie qui s'appliquoit sur la bouche, qui se lioit derrière la tête, et qui présentoit au milieu un trou par où l'on embouchoit la flûte. Plutarque dit que l'invention en est due à Marsyas. Or, cette lanière produisoit deux effets fort différens ; car, outre qu'en comprimant les joues elle en empêchoit le gonflement, elle doubloit encore la force de l'haleine, et donnoit plus d'autorité aux sons que rendoit la flûte,

en

(113)

en étoit d'or , et quelquefois elle étoit enrichie de perles ou
de pierres précieuses.

Quant aux couronnes , dans le sens que l'entend Ezéchiel ,
ce n'étoit qu'un diadême , ou simplement une couronne de fleurs,
dont les femmes se paroient les jours de fêtes. Jérémie, Chapitre V , ⅴ. 16 de ses Lamentations , fait allusion à ces couronnes. Les colliers, comme ceux des Femmes Grecques , étoient
composés de grosses pierreries enchâssées dans des lacs d'or. Les
bandeaux se sont conservés parmi les femmes de cette nation
jusqu'à nos jours. C'est plutôt un ornement de nécessité que
de luxe. Le bandeau étoit ordinairement formé d'une bande du
lin le plus fin. Quant aux bracelets mis aux mains , ainsi que
le dit Ezéchiel , nous pensons qu'il faut entendre le plus près
possible des mains , ainsi qu'on les voit sur la figure qui représente Elise , et qu'on peut encore les remarquer sur un grand
nombre de statues antiques. On ne plaçoit ainsi les bracelets
que lorsqu'on portoit de ces tuniques dont l'ampleur venoit
recouvrir la partie supérieure des bras , et formoit des espèces
de manches , sur-tout quand elles étoient retenues par la ceinture , que les Romains nommoient *Redimiculum* , qui, après avoir
passé derrière le cou et s'être croisée sur le dos , amenoit par-
devant chaque extrémité , et se nouoit sous le sein par une
rosette. C'est ainsi que la porte une des filles de la famille de
Niobé , ouvrage incontestablement dû au ciseau de Scopas , (1)
Sculpteur Grec de l'île de Paros , qui vivoit dans la quatre-

---

. (1) Quelques-uns veulent que cet Ouvrage soit dû à Praxitèle. Cependant,
le style de celui-ci ne paroît pas tenir à celui de Scopas , à en juger, soit
parce qu'en disent les Ecrivains , soit par les autres Ouvrages qui lui sont
attribués , et qui ne tiennent en rien au style des Niobé. D'autres ont encore
prétendu que cette famille étoit de Phidias ; mais ce dernier différoit sans
doute des autres dans la manière de traiter le marbre, par la réunion de
la grace et de la fierté qu'il communiquoit à toutes ses productions. Les
Niobé ont plus de sensibilité que tous les Ouvrages de Phidias et de Praxitèle,

P

(114)

vingt-septième Olympiade, l'an du Monde 3572, avant J. C. 432.
Notre dessin présente la manière de placer le *Redimiculum* sur
la tunique.

Les filles et les femmes juives tenoient donc des femmes
grecques leur façon de se vêtir ; aussi avoient-elles, ainsi que
ces dernières, plusieurs tuniques et différentes sortes de manteaux. Les tuniques (*Sindones*) de grand prix, étoient celles qui
se portoient immédiatement sur le corps. On plaçoit sur celles-
ci une autre tunique plus riche ou de différentes couleurs rayées,
ou plutôt de couleurs changeantes. C'est vraisemblablement ce
que le Prophète appelle les habillemens les plus fins et les plus
riches et en or et en broderies. Ces secondes tuniques étoient
quelquefois tout simplement blanches. En général, la couleur
blanche a été de mise et d'usage dans tous les temps. Ces tuniques n'étoient pas si longues que les tuniques intérieures.
Elles avoient quelquefois de petites manches qui ne descendoient pas plus bas que la moitié de la partie supérieure des
bras.

Nous avons détaché cette seconde tunique de dessus l'épaule
droite, afin de laisser voir celle du dessous, et encore pour
indiquer qu'on peut mettre de la variété dans le Costume. On
connoît beaucoup de figures antiques dont la tunique est sur les
deux épaules, dégagée des agraffes ; qui retombe en avant et
en arrière, et qui laisse ainsi toute la poitrine absolument à
découvert. Mais cela ne se remarque, au moins le croyons-
nous, que des tuniques qui n'ont point de manches, comme sur
la statue de la galerie de Versailles, dont on a fait une Vénus

---

On sait que Scopas excelloit sur-tout par l'expression du sentiment, qu'il
poussoit à son dernier degré de perfection ; ce qui fut la cause principale pour
laquelle Artémise le choisit pour décorer de figures le tombeau de Mausole,
son mari : genre qui laisse un libre cours aux sentimens douloureux. Sa Vénus
même l'emportoit sur celle de Praxitèle, en ce qu'elle paroissoit plus sensible
et tenant plus à la nature de cette Déesse.

ASAPH, Officier D'ASSUÉRUS.

en restaurant les bras et les mains, dans lesquelles on a mis un miroir et une pomme. La tunique qu'elle porte descend jusqu'aux pieds; mais c'est la tunique intérieure.

Nous avons donné à notre figure tout ce qui nous a paru susceptible de produire un bon effet au Théâtre, sans nuire à la décence, par conséquent sans outrager l'honnêteté publique. Nous avons déjà remarqué que le goût fait une loi nécessaire de ne point surcharger les principaux personnages de tous les ornemens qui pourroient leur être attribuables : c'est pourquoi nous en avons reporté une partie sur les suivantes d'Esther. En général, il faut sur cet objet suivre l'exemple des Artistes, qui quelquefois ont poussé l'amour du large jusqu'à éviter des détails qui pourroient nous sembler être d'une absolue nécessité ; tels que des charnières de cuirasses, des attaches de brodequin, des courroies d'épée, &c.

Elise est supposée entrée dans l'appartement d'Esther, dans le fond duquel se voit un ordre d'architecture ionique, ainsi que le chevet d'un lit, imité du style antique. Elise semble dire :

> Ciel ! quel nombreux essaim d'innocentes beautés
> S'offre à mes yeux en foule & sort de tous côtés !
> Quelle aimable pudeur sur leur visage est peinte !
> Prospérez, cher espoir d'une Nation sainte.

ASAPH, Officier d'Assuérus, *dans la même Tragédie.*

Nous avons dit que le *Pallium* étoit l'habit civil, mais que quelquefois aussi l'on portoit la chlamyde dans cet état ; que chez les Grecs et les Romains ce manteau étoit demi-circulaire par en bas ; qu'au contraire chez les Peuples de l'Orient, ainsi que chez la plupart de ceux du Septentrion et du Couchant, cet habit étoit quarré, et même composé de plusieurs pièces ; c'est ce que nous démontrerons par la suite. Il est aujourd'hui question de donner un modèle de cette chlamyde quarrée , et de développer sa quadrature. Nous en avons revêtu Asaph, parce que l'inspection des monumens qui nous sont parvenus du palais des Rois à Persépolis, nous a prouvé que ce vêtement étoit en usage chez les Perses. Ce n'est pas qu'il y soit souvent répété ; car toute notre attention n'a pu nous le faire découvrir que deux fois, mais cela suffit pour nous autoriser à l'admettre. Le projet que nous avons formé de faire connoître tous les usages relatifs aux différens costumes que nous aurons à relever de l'oubli où ils sont tombés , ne pouvoit pas nous permettre de passer sous silence un détail qui peut jetter des lumières sur les diverses parties de l'habillement propre aux habitans de la Perse. Ce n'est pas qu'Asaph ne puisse point porter au Théâtre un vêtement tout semblable à celui d'Hydaspe , puisqu'ils sont tous deux en état civil , et que tous deux sont Officiers intérieurs du palais.

Asaph porte donc la chlamyde. Comme elle est fort amplé , elle s'attache à l'agraffe , au tiers de sa largeur, laissant descendre les deux angles ; dont un s'apperçoit sous le livre des Annales de Perse , qu'il tient appuyé sur l'un des bras du trône, tandis que l'autre retombe le long de la jambe gauche. Si ces deux angles étoient marqués , ils porteroient les lettres A et D , comme ils les portent sur la coupe gravée à la planche d'autorités que nous joignons à cet article, Cet exemple , tiré des Peuples de l'Orient (Priam recevant les offres de service de Penthésilée), nous montre en même-temps la forme très-développée de ce manteau quarré. Il porte, pour les Grecs et les Romains, deux fois sa hauteur en largeur, à l'exception que celui-ci est quarré par en bas , et que celui des autres est demi-circulaire. Pour démontrer d'une manière incontestable cette quadrature qui a tant tourmenté les Antiquaires , qui leur a fait composer des volumes d'observations , nous en

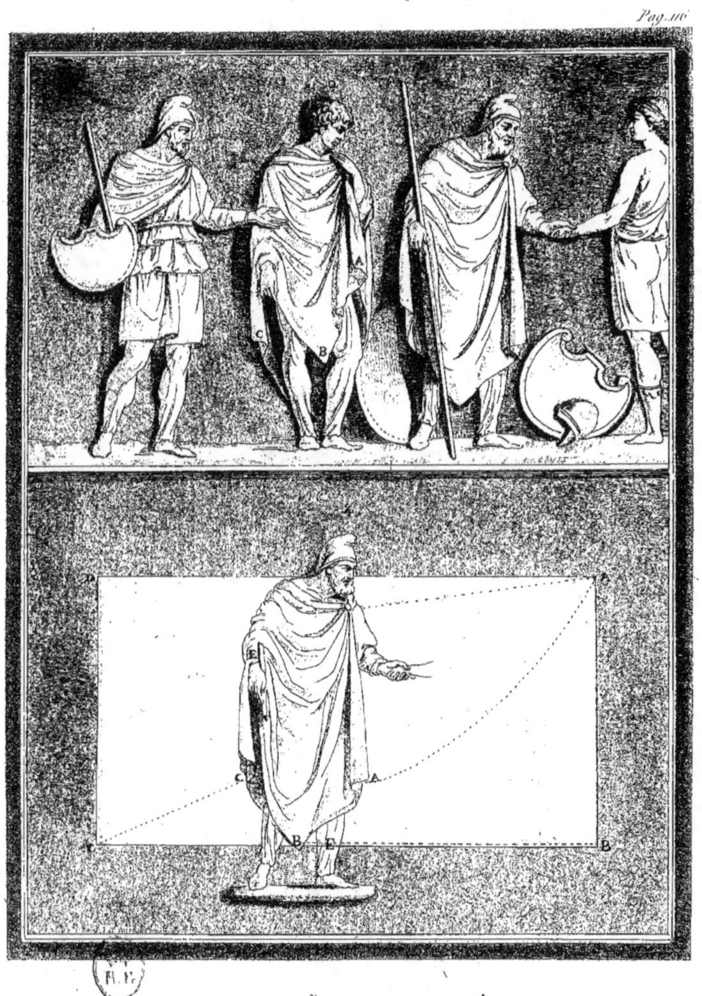

PLANCHE II.ᴱ DES AUTORITÉS.

avons rapporté simplement la coupe prise sur les figures mêmes de Priam et de Pâris, parce qu'à ce dernier on apperçoit le quatrième angle marqué D, qui reviendroit en avant sur la jambe gauche, ainsi qu'à notre dessin d'Asaph, si l'agraffe posée sur l'épaule droite de Pâris, et cachée par la main avec laquelle il salue gracieusement Penthésilée, étoit ramenée sur la poitrine, comme elle l'est sur la figure d'Asaph.

Ce bas-relief, rapporté dans les *Monumenti Inediti*, et peu connu des Antiquaires, est tiré de la *Villa Borghese*. Nous l'avons déjà cité plusieurs fois. Ici nous n'en avons extrait que les figures qui nous étoient nécessaires, et qui nous pouvoient servir de preuves. La première est celle de Priam : la seconde est celle de Pâris. On reconnoît aisément celle-ci à sa galanterie, n'ayant aucune marque qui lui donne un autre emploi; tandis que la figure troisième désigne un Héros, qui est probablement Hector. L'explication de ce bas-relief est nécessaire, relativement aux manteaux de Priam et de Pâris, et à la tunique d'Hector.

Le N°. 4 est le développement entier de la chlamyde. En supposant qu'on étendît l'angle A du manteau, à l'angle A de la coupe, il décriroit le quart de cercle pointé, pour se joindre à la ligne bleue; l'angle B du manteau tomberoit perpendiculairement à l'angle B de la coupe, et la ligne rouge du manteau feroit celle de la coupe. La ligne jaune prend donc de l'angle B à l'angle C, qui se trouve sur la figure de Priam, un peu rejetté derrière, mais qui est très-distinct de celle de Pâris. La lettre E du milieu de la ligne jaune, marque le point qui porte sur le poignet gauche, et retient la draperie reployée sur elle-même par plusieurs plis. L'angle D est celui qui retombe en arrière. Un tiers de la ligne supérieure A D forme celle attachée à l'agraffe, et marquée en bleu jusqu'à l'angle A ; le second tiers prend depuis une agraffe jusqu'à l'autre, en tournant au tour du cou, et le dernier tombe, depuis l'agraffe, sur le côté ou par derrière, jusqu'à l'angle D, comme on voit à la figure de Pâris, N°. 2 ; ce qui forme bien exactement les quatre angles. Comment donc, nous dira-t-on, des savans ont-ils pu disputer sur l'impossibilité de porter un manteau quarré ? La raison en est très-simple ; c'est qu'ils cédoient à une prévention qui les aveugloit, et que d'ailleurs ils n'avoient sous les yeux que des manteaux circulaires. Ce seroit faire bien gratuitement une perte de momens utiles, que de relever leurs différentes dissertations. Il nous suffit, par la représentation et l'examen de la figure même, de prouver, jusqu'à la plus palpable évidence, quelle devoit être la coupe de ce manteau. Un travail de ce genre est principalement fait pour donner à notre Ouvrage une supériorité absolue sur tous ceux qui l'ont précédé, et où l'on s'est contenté de rapporter, comme autorités, des statues sur lesquelles des yeux peu exercés ne découvrent qu'un amas de plis, qui, bien loin de développer la forme des vêtemens, contribue au contraire à la dissimuler et à la rendre très-équivoque.

Dans les dessins que nous présentons, l'agraffe se trouve sur l'épaule droite ; mais cette agraffe, qui n'est point adhérente à la tunique, se porte plus ou moins en avant sur la poitrine. On peut citer beaucoup de statues dont l'examen doit démontrer que l'agraffe n'étoit pas indispensablement attachée à l'épaule droite. C'est ce que nous avons fait, à leur exemple, dans notre dessin d'Asaph. Ce personnage porte sous la chlamyde une tunique à manches longues et assez étroites. Si cette tunique n'étoit point arrêtée par une ceinture, elle descendroit jusqu'au coude-pied ; mais dans le dessin elle n'excède pas la chlamyde, et ne doit descendre que jusqu'au-dessous des genoux. Ces robes se nommoient des robes thessaliennes.

Il est nécessaire de prévenir une objection qu'il seroit possible de nous faire, en nous hâtant d'observer que les figures qui sont offertes ici pour autorités, sont des figures phrygiennes, et qu'il ne seroit pas étonnant que quelques Lecteurs crussent ces autorités

déplacées , relativement au personnage d'Asaph. Nous prions donc
les personnes qui d'avance auroient fait cette réflexion , de remarquer que nous ne les présentons que comme modèles nécessaires
pour la coupe du manteau. D'ailleurs , nous avons déjà prouvé
que les Peuples de l'Orient portoient des habits qui avoient beaucoup de rapport entre eux ; et que les Phrygiens ou Arméniens
(car ceux-ci descendoient des Phrygiens , comme ces derniers
étoient originaires du pays des Parthes) ont été pendant un assez
long-temps soumis à l'Empire des Perses , dont ils devinrent ensuite
les maîtres. Il est résulté de tout cela que les Auteurs ont souvent
confondu tous ces Peuples sous la même dénomination. Horace ,
dans la huitième Ode du Livre III , adressée à Mécène, confond
les Gètes avec les Daces , et donne le nom de Parthes aux
Mèdes.

Occidit Daci Cotisonis agmen :
Medus infestis sibi luctuosis
Dissidet armis.

Ce Cotison , qu'Horace appelle ici Dace , est appellé Roi
des Gètes par Suétone. Cotison avoit suivi le parti d'Antoine
contre Auguste. On ne sait pas bien précisément si Horace a
entendu parler ici de la défaite des Daces par Lentulus. Quelques
Commentateurs prétendent que cette Ode fut composée plusieurs
années auparavant.

Ce que dit ensuite Horace se rapporte aux guerres civiles
des Parthes, qui chassèrent leur Roi Phraate , sous la conduite
de Tiridate , Roi d'Arménie. Celui-ci s'empara du Royaume des
Parthes, l'an de Rome 723 , sous le quatrième consulat d'Auguste,
qui alors étoit occupé au siège d'Alexandrie. Mais Phraate
ayant levé une armée formidable , et composée de Scythes ,
pour la plus grande partie, Tiridate fut frappé d'une si grande
terreur qu'il se retira en Espagne, où étoit Auguste, cinq ans
après le siège d'Alexandrie. Justin, Livre XLII , Chapitre V ,

peut donner à ceux qui les desireront des détails plus étendus sur ce fait historique (1).

Voilà donc les Parthes qui, sous la plume d'Horace, deviennent des Mèdes. On sait que ceux-ci ont été réunis aux Parthes par Cyrus-le-Grand, que les Parthes et les Phrygiens n'étoient que le même Peuple. Ainsi tous ces rapports sont suffisans pour nous autoriser à choisir des figures phrygiennes, et à lever sur ces figures la coupe des vêtemens. D'ailleurs nous n'en connoissons point où le manteau appellé chlamyde soit aussi distinctement exprimé pour sa quadrature, que dans ce bas-relief. Ce qui vient encore à l'appui, c'est que du temps d'Horace, l'Empire des Perses étoit soumis à celui des Parthes. Il y avoit bien des Rois de Perse, mais ce n'étoit à proprement parler que des Gouverneurs honorés du titre de Roi. Certainement, lorsqu'Horace dit : *Persarum vigui Rege beatior*, il n'entend point parler des Rois de Perse de son temps, mais de ceux qui ont vécu, comme Cyrus, Darius ou Xerxès. La grande richesse de ces Princes avoit encore donné lieu à un autre proverbe : on disoit les montagnes des Perses, pour dire des montagnes d'or, comme le rapporte Plaute, dans le *Stichus* : *Neque ille sibi mereat Persarum montes, qui esse aurei perhibentur.*

THAMAR, Israélite de la suite d'*ESTHER*, dans la même Tragédie.

Les détails que nous avons donnés sur le costume des filles ou femmes Juives, à l'article d'Elise, se rapportent exactement

---

(1) Strabon dit que ce Phraate ayant été remis sur le trône, et affermi dans son Royaume, à condition qu'il rendroit à Auguste les enseignes prises sur Crassus par les Parthes, il laissa à Rome ses quatre fils, ses deux belles-filles, et ses quatre petits-fils, parce qu'il redoutoit les embûches que pouvoient lui tendre ses sujets.

à

THAMAR,
Israélite de la suite d'Esther.

à celui de Thamar, c'est-à-dire qu'on les retrouve tous dans le dessin de ce dernier personnage, à l'exception que le costume est moins riche, parce qu'il y a quelque différence entre l'état qu'elle tient auprès d'Esther, et celui qu'y tient Elise. Thamar porte une tunique de fin lin blanc, à manches et pareille à celle que l'on voit à la médaille N°. 1 de la première planche d'autorité, qui est jointe à ce cahier. Cette médaille et deux autres sur lesquelles on lit cette inscription : *Judæa capta*, représentent la Nation Juive sous l'emblême d'une femme mise en esclavage par Vespasien, et par son fils Titus.

Outre la première tunique, notre dessin en montre une autre qui est de la même longueur que la tunique intérieure, mais qui n'a point de manches, et qui s'agraffe sur les épaules. Elle est de couleur verte. L'habit qu'elle porte par-dessus a été pris très-exactement sur une figure antique, ouvrage grec qui représente l'Espérance. Il paroît, par cet exemple, qu'on le relevoit plus ou moins, en le roulant sous la poitrine, ce qui produisoit des chûtes de plis variés, et dont les Anciens étoient fort curieux. Nous avons déjà observé, à propos des Grecs, qu'ils aimoient à donner à leurs vêtemens toute la grace dont ils étoient susceptibles.

Thamar est supposée entrer dans la salle du festin qu'Esther donne à Assuérus. Elle porte une coupe et un vase. Nous avons orné son coude-pied de ces croissans d'or dont parle le prophète Isaïe. Comme la pourpre étoit ce qu'il y avoit de plus précieux, le prophète n'a dû entendre par l'expression de chaussures magnifiques, que des lacets teints en pourpre, puisque les Juifs avoient coutume ou d'aller pieds nuds, ou de porter des chaussures violettes. « Judith (1) se lava et s'oignit pour

____

(1) Comme il y a des Lecteurs qui aiment à voir rapprocher les divers textes de l'Ecriture, et qu'en effet il existe quelquefois entr'eux de la différence, nous allons transcrire ici le même passage, tiré, mot à mot, de

Q

aller trouver Holopherne. Elle arrangea ses cheveux, et mit une tiare sur sa tête. Elle prit ses habits de joie, *chaussa des sandales*, et s'orna de bracelets, de pendans d'oreilles et de bagues ». Nous n'appercevons aucun de ces ornemens sur les médailles que nous offrons comme autorités. Il faut convenir que ces médailles sont extrêmement petites, et qu'en les réunissant toutes les trois, elles ne formeroient que la grandeur d'une des nôtres. Ce qu'on distingue assez facilement, c'est que la figure de celle qui est numérotée I, n'a qu'une tunique à manches courtes, qui ne descendent point jusqu'au coude, ou qui sont repliées sur elles-mêmes, mais par un pli très-étroit ; en supposant toujours qu'on puisse assurer qu'elles soient repliées. Par-dessus cette tunique, la figure porte un manteau qui n'est point agraffé, observation qui est commune aux figures des médailles numérotées 2 et 3, et qui prouve que c'est le *Pallium*, manteau en usage chez les Grecs, chez les Romains, et chez beaucoup d'autres Nations. La figure de la seconde médaille porte la tunique à longues manches. Son pallium est relevé sur sa tête, ce qui est une marque d'affliction, comme nous l'avons déjà dit. La figure de la troisième médaille porte deux tuniques et un manteau. La première de ces tuniques, qui est l'*Interula*, a des manches qui descendent jusqu'aux mains. La seconde a aussi des manches, mais elles n'excèdent point le bas de l'épaule.

Nous engageons nos Lecteurs à vouloir bien se reporter à

---

l'Histoire de l'Ancien Testament, par D. Calmet, édit. *in*-4°. de 1718, Tom. 1, pag. 713.

« Judith ayant achevé sa prière, descendit du haut de sa maison, entra dans sa chambre, ôta son cilice, quitta ses habits de veuvage, se lava, s'oignit d'un parfum précieux, mit ses cheveux en tresses, *se para d'une coëffure magnifique*, se revêtit de ses habits de fête, *prit une chaussure très-riche*, des brasselets, des *quarquans*, des pendans d'oreilles, des bagues, & se para enfin de tous ses ornemens. »

AUTORITÉS D'ÉLISE,
Thamar et Chœur de jeunes filles Israélites.

GARDE DU ROI ASSUERUS

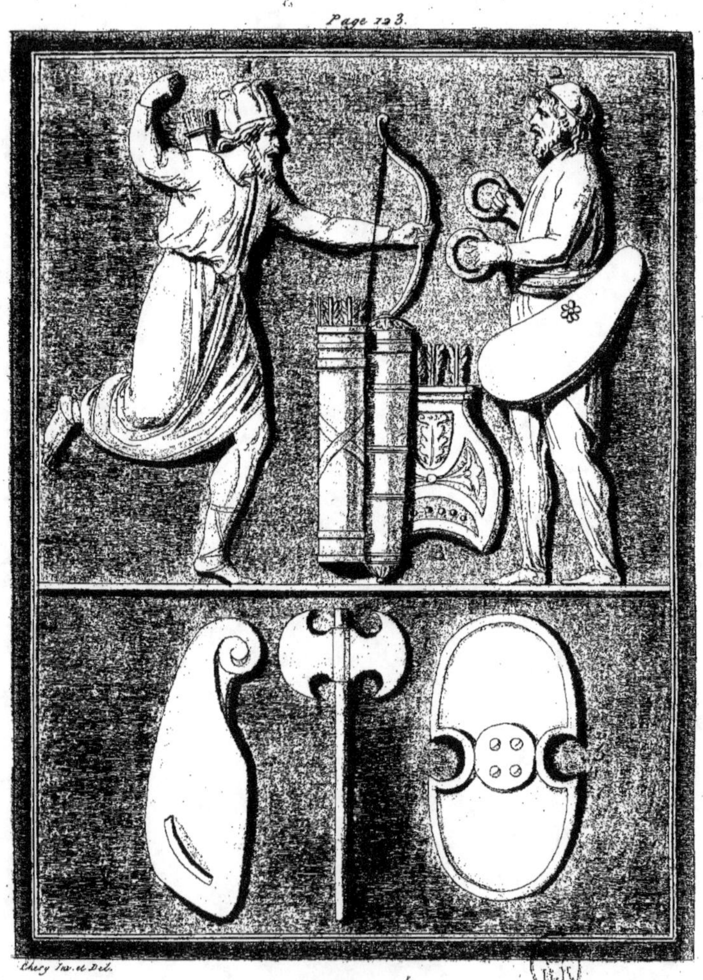

AUTORITÉS
du Garde du Roi Assuérus.

la planche d'autorités que nous avons jointe à l'article de
Céphise. Ils y remarqueront des Phrygiennes et des Gauloises,
et ils se convaincront qu'il y a des rapports très-apparens entre
les vêtemens des anciens, malgré la différence des Nations. Le
Soldat que nous allons offrir après cet article, peut encore
ajouter aux preuves que nous en avons déjà publiées, puisque
son Costume est pris sur la figure d'un Roi des Parthes. Nous
en allons donner la description.

GARDE du Roi Assuérus.

Les Artistes ont souvent été en contradiction sur la manière
dont étoient vêtus les soldats Persans. Nous avons choisi, de
préférence à tous autres, celui que nous présentons aujourd'hui,
parce qu'il nous a semblé susceptible de concilier tous les différens avis.

Nous avons dit et démontré, à l'article d'Assuérus, ainsi
qu'à celui d'Asaph, combien il y avoit de rapport entre les
usages des Perses, Parthes, Arméniens, Mèdes, etc. Voyons
les monumens de Persépolis. Nous y trouverons une figure
qu'on croit être un soldat, et nous nous persuaderons bientôt
qu'elle en représente un effectivement, en considérant, 1°. la
forme de l'objet qui est, du côté gauche, attaché à sa ceinture,
2°. le N°. 4, qui est incontestablement un bouclier. Ouvrons
maintenant Hérodote, Auteur contemporain de Xerxès.

« Les Perses, dit cet Historien, portoient en tête des tiares,
qu'on appelloit *Pilei*, et qui étoient impénétrables. Ils avoient
sur le corps des tuniques à manches et qui étoient couvertes
de lames de fer, en manière d'écailles de poisson. Ils se servoient d'anaxyrides. Au lieu de boucliers, ils portoient des
Gerres. (espèce de bouclier d'une forme particulière, et qui

pourroit se rapporter à la figure 2 de l'autorité) Sous ces Gerres
étoient placés leurs carquois. Leurs lances étoient courtes. (Voyez
l'autorité d'Assuérus , n°. 3.) Leurs arcs étoient fort grands. .
(Voyez figure 16 de la même planche , et figure première de
l'autorité jointe à ce cahier.) Leurs flèches étoient de canne.
Leur coutelas , attaché au baudrier , pendoit sur la cuisse droite.
(On peut consulter les ruines de Persépolis , recueillies par
Corneille de Bruyn.) »

Les Mèdes étoient revêtus et armés comme les Perses , ou
pour mieux dire , le vêtement militaire que nous venons de
décrire étoit proprement celui des Mèdes , avec cette différence , qu'au lieu de tiare ceux-ci portoient des mitres. On n'a pas
oublié que ces tiares étoient des rubans attachés autour de la
tête. Ceci se rapporte avec la figure 2 que nous offrons comme
autorité , et dont la tête est ornée d'un simple ruban. La figure
première qui nous représente un Parthe, a sur la tête une
espèce de tiare. Sa tunique est longue , à longues manches ,
et n'est attachée que par une ceinture. La médaille dont nous
l'avons extraite est extrêmement petite. Des Antiquaires l'ont
regardée comme une *Darique.* Si en effet c'en étoit une , on y
verroit , ou à-peu-près le Costume des Archers persans ; car la
darique étoit une pièce de monnoie d'or ou d'argent, qui avoit
pris son nom d'un des Darius , sous lequel elle avoit été frappée ,
et où l'on voyoit un Archer décochant une flèche. C'est par
allusion à cette figure qu'un Roi de Perse disoit qu'il enverroit
cent mille Archers en Perse , voulant faire entendre qu'il y enverroit cent mille dariques. Cependant, le revers de la médaille
dont nous venons de parler , représente la tiare Parthe , que
nous avons gravée , n°. 5 de l'autorité d'Assuérus , et elle est
donnée pour être d'Antoine , tant dans Tillemont que dans le
trésor de Brandebourg.

Les Hyrcaniens , dit encore Hérodote , ressembloient parfai-

tement aux Perses pour les vêtemens et pour l'armure (1).
Ailleurs il assure que les Bactriens (2) avoient des tiares comme
celles des Perses , et que leurs vêtemens ressembloient beaucoup
à ceux de ces derniers. Il ajoute ailleurs que les Parthes, les Cho-
rasmines , les Sogdiens, les Gandariens et les autres peuples voisins, étoient vêtus et armés comme les Bactriens ; ce qui annonce
qu'effectivement, s'il existoit une différence entre le costume de
tous ces Peuples , elle consistoit en très-peu de chose.

Rapprochons maintenant notre figure d'autorité , de celle qui
réprésente le garde du Roi Assuérus ; nous verrons combien elles
ont de rapports sensibles. D'abord l'autorité porte des Anaxyrides ; notre figure en porte également. Dans la première , les
pieds sont couverts & paroissent l'être d'une autre matière que
ce qui couvre les jambes et les cuisses. La figure coloriée présente la même chose. Sur l'une on voit une large et forte cein-

----

(1) Xénophon dit que Cyrus voulant gagner les Nations tributaires des
Assyriens, accorda de grands privilèges aux Hyrcaniens , et les naturalisa
Persans « Ensorte, dit-il , qu'encore aujourd'hui ils ne sont pas distingués des
Perses et des Mèdes, et peuvent remplir comme eux les premiers emplois.

(2) La Bactriane étoit une vaſte Contrée d'Asie , et une des Provinces de
l'ancienne Perse , qui répond à ce qu'on appelle aujourd'hui Gorasan ou Corassan,
entre la Perse, les Etats du Mogol et la grande Tartarie. C'est , selon Quinte-
Curce , Liv. VII, le pays le plus septentrional d'Asie. Elle étoit bornée par le
Parapamis , ainsi nommé par Quinte-Curce, qui est une branche du Caucase ,
au couchant, et par la Sogdiane au levant. Les Historiens disent que la Bactriane renfermoit mille Villes, dont Bactres et Maracande étoient les principales.
Pline, Liv. XVIII, Chap. VII, paroît exagérer la fertilité de cette Province ,
quand il dit que chaque grain de bled y est aussi gros que les épis le sont
ailleurs, et qu'on y trouvoit de tout en abondance, excepté de l'huile. Les
Peuples de cette Province vivoient de rapines, comme les Peuples leurs voisins.
C'est pour cela qu'ils étoient toujours armés. Quinte-Curce dit qu'ils étoient
braves, mais si féroces, qu'ils faisoient dévorer les vieillards décrépits par des
chiens qu'ils nourrissoient pour cela. Il les peint avec une barbe hérissée , de
longs cheveux pendans, et d'une taille énorme. Pline prétend qu'ils abandonnoient
leurs Femmes aux Etrangers, et même à leurs Esclaves.

ture, du genre de celles dont nous avons déjà parlé, et où l'on pouvoit renfermer son argent, et une tunique à longues manches qui descendent jusqu'aux poignets. Notre dessin, qui est imité de la figure d'un Roi Parthe ou Arménien que l'on trouve dans la collection Farnèse, présente une tunique semblable. Dans le morceau tiré des monumens de Persépolis, morceau très-imparfait, puisqu'il ne présente que des lignes creuses, il seroit possible que celles qui marquent la ceinture tinssent une partie de la tunique en retroussis, car elle descend obliquement par derrière. Elle seroit probablement de la nature de celle que nous avons montrée N°. 3 de la planche d'autorité jointe à celle d'Assuérus, & telle que l'offre notre dessin du garde de ce Roi. Nous avons coëffé la figure de ce garde d'un casque Parthe, figure qui se rapporte encore pour la forme, néanmoins en exceptant la crête, au N°. 8 de la même planche d'autorité, que nous avons citée plus haut.

Nous avons placé derrière cette figure, un soldat armé de toutes pièces, qu'on appelloit Cataphractus. Son armure est à écailles et entièrement d'airain. Nous observerons qu'Hérodote, qui affirme dans un endroit qu'elle étoit de ce métal, avoit dit plus haut qu'elle étoit de fer. Qu'elle ait été de fer ou d'airain, il paroît certain qu'elle étoit d'une matière solide et dure. Masistius, grand seigneur de Perse, qui après Mardonius tenoit le second rang dans les armées Persanes, avoit une cuirasse toute en écailles d'or. Strabon dit que les Perses portoient des gerres & des sagaris. Le sagaris ou copyte, étoit une hache à deux tranchans. On en voit la figure dans notre planche d'autorité; nous la donnons, comme elle est tirée d'un bas-relief, représentant les Amazones vaincues par Thésée dans la bataille qu'elles donnèrent à Athènes même, bataille dont on voit la réprésentation sur une belle urne sépulcrale, tirée de la galerie du Capitole.

Le Brun, dans sa fameuse suite de tableaux qui représentent les batailles d'Alexandre, a suivi la route que nous avons prise.

A défaut de monumens authentiques parvenus de l'ancienne Perse jusqu'à nous, il s'est appuyé sur une figure Sarmate. Cette figure est celle qui fuit, effrayée à l'aspect d'Alexandre, dans le tableau qui représente la bataille d'Arbelle, bataille où Darius fut vaincu, commandant son armée en personne. Celle de notre dessin est tirée d'un bas-relief antique. Nous avons tiré le sabre qu'elle tient, d'un monument de bronze qui est rapporté dans l'*Admiranda Romanorum*. C'est un faisceau d'armes barbares, parmi lesquelles se remarque un casque sans visière et recourbé en avant sur la crête, dans le genre de celui que montre notre dessin. C'est assez dire qu'il se rapproche de la forme du *Corno* phrygien. (Voyez la seconde planche d'autorités attachée à ce cahier). Lorsque M. de Caylus a dit, dans ses tableaux d'Homère et de Virgile, qu'il croyoit que le casque des Phrygiens devoit tenir de la forme de leur bonnet, il falloit qu'il ne connût pas ce bronze, car il en auroit été convaincu. Les Arméniens avoient aussi modelé leurs casques sur leurs bonnets. Une chose assez particulière, c'est qu'on voit sur les bas-reliefs qui représentent les actions de Septime Sévère, qui eut affaire aux Arméniens et aux Parthes, que les casques de ses soldats, soit pesamment armés, soit armés à la légère, ont des casques tout semblables à ceux de ces Nations; c'est-à-dire recourbés en avant sur le sommet.

On doit observer qu'avant Cyrus, les Perses combattoient de loin, et qu'alors ils se servoient de la pique et du javelot, ainsi que de l'arc. Ce Prince voulant que ses troupes attaquassent et combattissent de près, ne fit distribuer à ses soldats que des sabres, des épées et des haches. Depuis, les Perses ont conservé cet usage. Or, il est à croire que les monumens de Persépolis ont été élevés avant cette époque. La figure 3, déjà citée, porte un carquois qui approche de ceux que l'on voit à côté de celui numéroté 3, dans la planche noire ci jointe. Ce dernier est tiré d'une médaille parthe, et les autres le sont de l'urne sépulcrale du Capitole, que nous avons citée plus haut. Outre ce carquois, la figure dont nous parlons, porte une assez longue pique, qui, par sa proportion gardée avec la hauteur de la figure, paroît tenir du javelot. La figure 5 de cette planche noire, représente un bouclier, autre que celui qui est figuré au N° 4. Ils sont tous les deux tirés des monumens de Persépolis.

Avant de donner la figure qui complettera les modèles nécessaires à la Tragédie d'Esther, nous dirons ici ce qui nous reste à dire sur cette Tragédie, et qui se réduit à bien peu de chose. Nous avons dit que c'étoit un Ouvrage susceptible d'être rarement donné, mais que des circonstances peuvent rendre très-intéressant. Nous le répétons, pour observer que ces circonstances seront toujours rares. En effet, ce ne peut être que par le mouvement des affaires publiques, et encore en reportant tout l'intérêt de ce mouvement sur la tête d'un seul homme, qu'Esther peut attacher, par les allusions auxquelles sa représentation doit donner lieu. Quoique tout le but moral de l'ouvrage soit appuyé sur la chûte d'Aman, et que celui-ci soit un ministre, il ne faut pas croire que son personnage puisse se rapporter à tous les agens immédiats du pouvoir exécutif. Pour que le jeu du caractère d'Aman soit en état, par relation, de parler à la curiosité, et de fixer l'attention publique sur un ouvrage triste, froid, et presque sans action, il faut qu'on puisse appliquer la situation où il se trouve à celle d'un ministre tout-puissant, favori de son maître, ayant abusé de son crédit et de son pouvoir pour vexer les Peuples, et pour établir l'insolence de son luxe sur leur misère et sur leurs larmes. Lorsque le feu Duc de Choiseul, Ministre favori de Louis XV, fut si cruellement et si inopinément disgracié; lorsqu'il resta quelques heures dans l'incertitude de la réalité du sort qu'on lui réservoit; si Esther eût été un ouvrage placé au courant du répertoire, et qu'on l'eût représenté, l'allusion

auroit

auroit été frappante. Ce n'est que dans de pareilles occasions que cette Tragédie pourra plaire. Dans un moment où tout ce qui tient au ministère est équivoque et suspect, il seroit possible qu'elle ne déplût pas, qu'elle eût même un certain succès. Autrement elle n'obtiendroit les suffrages que de ceux qui aiment les beaux vers : or il vaut, aujourd'hui sur-tout, beaucoup mieux les lire, que de les entendre réciter.

Avant Racine, l'histoire d'Esther avoit été mise plusieurs fois sur le Théâtre, et sous différens titres. La première Tragédie de ce nom qui nous soit connue est d'un sieur André de Rivaudeau, Gentilhomme du bas-Poitou. Elle a été imprimée à Poitiers, en 1567, et elle est devenue très-rare. Il ne faut pas regretter qu'il soit difficile non-seulement de l'avoir à soi, mais de la trouver quelque part. Il est impossible d'en lire trois vers de suite. Celle qu'Antoine de Mont-Chrestien a donnée en 1596, n'est pas beaucoup plus estimable. Le dénouement s'opère par un récit, à la suite duquel on chante un cantique spirituel. Il faut ici entendre spirituel dans le sens mystique, et non autrement. Nous dirons la même chose d'un troisième ouvrage sur le même sujet, imprimé en 1617, et qui est divisé en huit actes. Quand on a le courage de lire cette Tragédie, on croit s'appercevoir que l'Auteur a eu l'intention d'y représenter, sous le voile de l'allégorie, la fin du Maréchal d'Ancre; mais nous n'invitons personne à avoir ce courage. Il est certain que de tous les Courtisans tombés tout-à-coup dans la défaveur, dans l'opprobre et dans l'ignominie, il n'y en a pas un dont la fortune et la mort se rapprochent davantage de celle d'Aman, que le sort de ce délié Conchiny, depuis Maréchal d'Ancre, dont la faveur fut si insolente, et dont le Peuple de Paris, toujours extrême dans sa haine comme dans son amour, grilla sur des charbons ardens la chair exhumée et déchirée en lambeaux. Il ne faut parler encore que pour la citer, d'une Tragédie intitulée : la belle Esther, qui paroît avoir été imprimée vers l'an 1620,

dont l'Auteur se nomme François Auffray , et se dit Gentilhomme Breton. Au dénouement de celle-ci , Mardochée devient
premier Ministre d'Assuérus , on ne sait pas trop pourquoi ;
car s'il est bien prouvé que Mardochée n'est point coupable des
crimes dont Aman l'accuse , dans aucun endroit de la Pièce
il n'est dit que cet Oncle ou Tuteur d'Esther ait le premier des
talens qu'exige le ministère.

Mathieu , qui fut Historiographe de France , et qui mourut,
en 1621 , d'une maladie qui l'attaqua au siège de Montauban ,
où il avoit suivi Louis XIII , a traité trois fois le même sujet.

En 1585 , sous ce titre : « ESTHER , Tragédie en cinq Actes,
sans distinction de Scènes , et avec des Chœurs. Histoire Tragique , en laquelle est représentée la condition des Rois et Princes
sur le théâtre de fortune ; la prudence de leur conseil ; les
désastres qui surviennent par l'orgueil , l'ambition , l'envie et
la trahison ; combien est odieuse la désobéissance des femmes ;
finalement , combien les Reines doivent amollir le courroux des
Rois endurcis sur l'oppression de leurs Sujets. »

En 1589 , avec cette Inscription pour titre : « VASTHY, Tragédie en cinq Actes , en vers , sans distinction de Scènes , et
avec des Chœurs , en laquelle , outre les tristes effets de l'orgueil
et désobéissance , est démontrée la louange d'une Monarchie
bien ordonnée , l'office d'un bon Prince pour heureusement
commander , sa puissance , son ornement , son exercice éloigné
du luxe et dissolution , et la belle harmonie d'un mariage bien
accordé ; avec un petit abrégé de l'Histoire des Rois de Perse,
dédiée au Sérénissime Prince Monseigneur le Duc de Nemours
et Genevois. »

Le titre de la troisième Tragédie de Mathieu , qui fut aussi
imprimée en 1689 , n'est pas moins curieux que les deux autres.
« AMAN , Tragédie en cinq Actes , sans distinction d'Actes
ni de Scènes , & avec des Chœurs ; de la perfidie et trahison ;
des pernicieux effets de l'ambition et envie ; de la grace et

bienveillance des Rois, dangereuse à ceux qui en abusent ; de leur libéralité et récompense mesurée au mérite, non à l'affection ; de la protection de Dieu sur son Peuple, qu'il garantit des conjurations et oppressions des méchans : dédiée au prudent, noble et grave Consulat de la Ville de Lyon. »

On observera que de la première de ces trois Pièces, Mathieu a composé les deux autres. Aucune des trois n'eſt lisible. Tout ce qui mérite d'être cité dans celle de Vasthy, se réduit à ces deux Vers, qui feront connoître le ton et le style de son Auteur :

A S S U É R U S.

On loue un Prince à table et valeureux à boire.

Un C O U R T I S A N.

Une éponge aura donc autant que lui de gloire.

Le dernier ouvrage dramatique établi sur l'Histoire d'Esther, est celui qu'a composé, en 1644, Pierre Duryer, fameux par sa Tragédie de Scévole. Cette Tragédie est éloignée de manquer de mérite. Duryer y a très-heureusement imaginé de donner à Aman de l'amour pour Esther, de le rendre le rival profondément jaloux de son maître. Il a eu l'adresse d'amener Vasthy à l'instant où il eſt question de couronner Esther ; de lui faire adresser au Roi des reproches raisonnables, fermes, pressans ; de montrer Assuérus indécis, irrésolu ; de le faire flotter entre ce qu'il doit à Vasthy et ce qu'un nouvel amour lui commande ; enfin, il a donné naturellement au Ministre l'occasion de parler en faveur de Vasthy, pour servir son amour caché. Il résulte de tout cela des situations piquantes, un mouvement vrai, et de nouveaux moyens pour accabler Aman, à l'instant où l'on découvre et son amour et sa jalousie. Que Racine n'a-t-il suivi ce plan en le travaillant, non pas pour Saint-Cyr, mais pour la Nation ! nous aurions un chef-d'œuvre de plus.

CHOEUR DES FILLES ISRAÉLITES,

De la suite d'Esther.

LES Articles d'Elise et de Thamar ont expliqué et développé tout ce que nous pouvions faire connoître d'authentique, relativement au Costume des Femmes Juives, en nous appuyant sur les Médailles que nous avons offertes comme autorités, et qui sont, en effet, les seuls monumens qui nous restent de cette Nation, dont les principes religieux nous sont bien plus familiers que le Costume et les usages. Nous avons démontré, autant qu'il a été possible, soit par la manière dont l'habile dessinateur qui préside à cet Ouvrage a aggrandi les Médailles en les rapportant, soit par les explications qu'il en a libellées, pour en faciliter l'intelligence, quelle étoit et devoit être la forme des vêtemens qui couvrent les figures que présentent ces Médailles. Nous avons prouvé que celles-ci pouvoient également servir d'autorités et pour le dessin d'Elise et pour celui de Thamar. Nous ajoutons qu'elles peuvent encore être appliquées au dessin où, pour ne pas multiplier inutilement les objets, l'Artiste a pris le sage parti de réunir le Chœur des Filles Israélites qui composent la suite d'Esther ; moyen qui nous paroît d'autant plus heureux, qu'il offre, sous un seul coup-d'œil, à l'observateur studieux, les personnages qui, au Théâtre, ne doivent non plus être apperçus que sous un même et seul aspect.

La figure qui est assise tient entre ses mains un de ces rouleaux sur lesquels on écrivoit les Ouvrages dont on vouloit conserver la tradition exacte ; car, chez tous les Peuples de l'Antiquité, il n'y a eu long-temps qu'une tradition orale ; et lorsque la tradition écrite commença d'exister, elle ne fût pas indifféremment consacrée à tous les objets. Ces rouleaux étoient faits avec de la peau, ou avec les feuilles de la plante appellée *Papyrus*.

CHŒUR DE FILLES ISRAÉLITES.

Nous allons entrer dans quelques détails historiques sur cette plante ; nous aimons à croire que c'est rendre un service à ceux de nos Lecteurs auxquels ils sont inconnus, et que c'est faire plaisir à ceux qui les connoissent, que de leur en rappeller le souvenir. Nous laisserons pourtant de côté les longues et ennuyeuses discussions qu'a fait naître l'étymologie de ce mot *Papyrus*. Ce n'est pas seulement parce qu'elles pourroient ennuyer, c'est encore parce qu'après en avoir rapproché un grand nombre, il ne résulteroit rien autre chose de notre travail, sinon que la question est restée indécise.

Le Papyrus naissoit dans le Nil, lorsque ce fleuve avoit, à son ordinaire, inondé et fertilisé les terres voisines. Cette plante, dit Théophraste, poussoit sa tige aux endroits où cette eau dormante n'avoit pas plus de deux coudées de hauteur ; à ceux où l'eau étoit plus profonde, le Papyrus ne pouvoit croître. Elle jettoit plusieurs racines tortues, dont la plus grande, qui étoit de la grosseur du poignet, avoit environ dix coudées de long. Cette plante, si l'on en croit les oppositions qui se trouvent dans ce qu'en rapportent différens Auteurs, avoit une hauteur inégale ; mais il paroît qu'elle étoit le plus ordinairement haute de quatre coudées. Elle n'avoit point de semence et ne portoit point de fruit. Elle étoit plus molle que les arbrisseaux, et plus dure que les herbes ordinaires. Elle offroit, dans son intérieur, une espèce de moëlle blanche, assez agréable au goût. L'extérieur étoit plus dur, et pouvoit avoir la solidité que présentent les cannes du Languedoc et de la Provence.

Cette plante étoit aux Egyptiens d'une grande utilité. Elle leur servoit à faire des souliers, des ligatures, des mèches pour les lampes, des nattes, des matelas, des couvertures, des voiles de navires. Quelques-uns s'en faisoient même des vêtemens. On l'employoit aussi dans la construction des barques. Pline et Dioscoride nous apprennent encore que le Papyrus étoit une plante médicinale, très-utile à la guérison de certaines maladies. Les Pauvres trouvoient dans le Papyrus des ressources pour leur existence ; ils le mâchoient, en avaloient le suc et jettoient le reste. Enfin il servoit à chauffer, et fournissoit quelquefois du bois propre à la sculpture.

Le Papyrus n'est pourtant devenu fameux dans le monde, que par ses membranes ou pellicules dont on a fait des feuilles à écrire, qu'on appella Βίβλος ou *Phyliria*. On les appelloit aussi en grec Χάρτης, et en latin *Charta* : car, quoique *Charta* puisse se dire de toute sorte de feuilles à écrire, Pline et d'autres Auteurs appliquent uniquement ce mot au papier d'Egypte.

On ne sauroit fixer l'époque à laquelle on a commencé à se servir du Papyrus pour en faire des feuilles à écrire ou des tablettes. Varon, cité par Pline, dit que ce fut au temps d'Alexandre-le-Grand, après que ce prince eut bâti Alexandrie. Mais Pline réfute le sentiment de Varon, et lui oppose le témoignage de Cassius Hémina, ancien Annaliste, qui assure que Cn. Terentius Scriba, travaillant à un fonds de terre qu'il avoit sur le Janicule, trouva, dans une caisse de pierre, les livres du roi Numa, écrits sur ce papier, qui s'étoit conservé jusqu'à ce temps-là, sans éprouver aucune altération, parce qu'on l'avoit frotté d'huile de cèdre. Ainsi il s'étoit conservé intact pendant le cours de 535 années. Pline ajoute que Mucien, qui avoit été trois fois Consul, assuroit qu'étant Préfet de Lycie, il avoit vu, dans un temple, une lettre sur du papier d'Egypte, écrite de Troie, par Sarpédon, Roi de Lycie. Ce témoignage ne paroîtra pas péremptoire à ceux qui doutent, non pas sans raison, que le siège de Troie soit une vérité historique, et qui peuvent par conséquent douter aussi de l'existence de ce Sarpédon, fils, disent les Mythologues, de Jupiter et de Laodamie. Mais des autorités plus sûres, quoique moins anciennes, prouvent que ce qu'on appelle *Charta*, qui est le papier d'Egypte, étoit en usage bien avant Alexandre-le-Grand ; comme, par exemple, celle de Platon le Comique,

contemporain d'Aristophane , cité souvent par Athénée. *Il em-*
portoit , dit ce Poëte, *les écrits & les papiers.* Γραμματεῖα τάς τε Χάρτας.
On le prouve encore par le témoignage de Théophraste , dis-
ciple d'Aristote, qui après avoir parlé des différentes propriétés
auxquelles les Egyptiens accommodoient la plante appellée *Papyrus,*
finit par citer *les feuilles à écrire fi renommées parmi les Nations*
étrangères : ce qui annonce que le commerce du papier d'Egypte
étoit déjà en vigueur , mais qui ne sauroit néanmoins faire
déterminer l'époque à laquelle il a commencé.

Pline a longuement décrit la manière de préparer le Papyrus
en feuilles. « On séparoit avec une aiguille ces peaux déliées.
Celles du milieu étoient considérées comme les meilleures. On
les étendoit sur une table , en leur laissant toute la longueur
qu'elles pouvoient avoir, et l'on n'en coupoit que ce qui pouvoit
seulement déborder aux deux extrémités. Sur cette première
peau déliée, on en étendoit une autre en travers et d'un autre
sens, en sorte que les fils et les filamens de l'une alloient de
bas en haut, et ceux de l'autre de droite à gauche. L'eau du
Nil trouble servoit de colle pour les joindre ensemble. On
faisoit aussi quelquefois une colle particulière uniquement destinée à cet usage. Quand ces feuilles étoient ainsi collées, on
les mettoit en presse ; ensuite on les faisoit sécher, en les exposant
au soleil ; après quoi on les assembloit et on les disposoit de
manière que les premières feuilles étoient toujours les mieux
conservées. La main n'étoit jamais composée que de vingt
feuilles. »

Au temps où Pline parla des feuilles à écrire, elles étoient
encore assez grossières , mais elles furent depuis très-perfec-
tionnées. Cassiodore vante beaucoup celles sur lesquelles il
écrivoit. Il assure qu'elles étoient blanches comme la neige ,
et que, quoiqu'elles fussent composées d'un grand nombre de
petites pièces, il n'y paroissoit aucune jointure. Cependant leur
fragilité les exposoit à être facilement déchirées ou brisées, quand

on les ouvroit trop souvent. Pour leur donner plus de force, on imagina, sur-tout quand on voulut en faire des livres, de les entremêler de feuilles de parchemin sur lesquelles l'Ecriture étoit continuée. On en pouvoit voir il y a quelque temps, et peut-être en peut-on encore voir aujourd'hui la preuve dans un livre composé de papier d'Egypte, à l'Abbaye Saint-Germain-des-Prés, et qui contient une partie des Epîtres de Saint Augustin. On y voit les feuilles disposées de la manière dont Pline a donné la description. On n'y remarque pas la blancheur dont parle Cassiodore, il s'en faut bien, mais on doit observer que, dans une longue suite de siècles (car les Connoisseurs s'accordent pour dire que ce livre peut avoir 1100 ans), il ne peut qu'avoir beaucoup perdu de sa première blancheur.

Le commerce du Papyrus devint d'un produit immense pour les Egyptiens. A mesure que les lumières s'étendirent sur la surface du monde connu, tous les Peuples voulurent avoir des feuilles à écrire, et on en fit un tel usage, qu'il y eut des années où l'Egypte ne fournit point assez de plantes pour satisfaire à l'empressement des demandeurs. C'est ce qui arriva sous Tibère. Il fut même si rare à cette époque, qu'il fallut nommer des Commissaires pour en distribuer à chaque Citoyen Romain, au prorata de ses besoins connus.

Ces feuilles, qui furent en vogue chez toutes les Nations, furent connues en France, où l'on en fit un assez long usage. Dans les archives de Saint-Denis en France on a conservé de ce papier un monument remarquable. C'est un grand rouleau qui contient une lettre d'un Empereur de Constantinople à un Roi de France. Comme une feuille de papier si longue et si fragile dépérissoit tous les jours, les Religieux ont imaginé de la coller sur un rouleau de parchemin. Malheureusement ils s'en sont avisés un peu tard, et non seulement tout le commencement est perdu, mais encore les lignes sont tellement altérées de droite et de gauche, qu'il faut faire un travail pour

comprendre

(137)

comprendre ce que dit ce monument singulier. On y voit pourtant
que l'Empereur de Conſtantinople s'explique comme médiateur
entre le roi de France auquel il écrit, et un autre Roi dont le nom
a sauté avec les bords de la feuille. Au bas de cette feuille on
voit un reste de signature qui annonce qu'il devoit y avoir
Constantinus. Ce nom étoit écrit avec la liqueur qu'on appelloit
Cinabari, parce qu'elle étoit composée de cinabre. Les Empereurs
s'en servoient pour leurs signatures seulement.

Après avoir été, pendant un long cours de siècles, admis
chez tous les peuples du monde, le Papyrus perdit de son
crédit. On peut croire qu'il a dû sa chûte au papier de coton
qu'on appelle *Charta Bombycina*. Au moins est-ce celui-ci qui l'a
fait tomber en Grèce. Il est en effet incomparablement meilleur,
plus propre à écrire, et se conserve bien plus long-temps. On
s'est long-temps disputé sur l'époque à laquelle on inventa
ce second papier. Tout se réunit pour faire penser que ce fut
vers le neuvième siècle qu'on imagina, dans l'empire d'Orient,
d'employer le coton à faire du papier. On connoît plusieurs
manuscrits grecs, tant en parchemin ou vélin, qu'en papier
de coton, qui portent l'année de la date où ils ont été écrits;
mais la plupart sont sans date. Par les manuscrits datés, on
juge aſſez bien, en comparant les écritures, de la date de
ceux qui ne le sont pas. Le plus ancien manuscrit en papier de coton que l'on connoisse, au moins à Paris, est celui
du roi, numéroté 2889, qui fut écrit en 1050 : un autre
de la bibliothèque de l'Empire, qui porte aussi sa date, est de
l'année 1095. Mais par la comparaison des écritures, on est à
portée de se convaincre qu'il y en a quelques autres, qui,
quoique sans date, ont existé antérieurement à ceux-ci. Ainsi,
en se résumant, autant que les probabilités le permettent,
on peut se persuader que le papier de coton a été trouvé au
neuvième siècle, ou, le plus tard, au commencement du
dixième. Cette invention ne fit pourtant pas tout-à-coup tomber

S

le Papyrus, mais insensiblement on s'en dégoûta. Eustathe, qui écrivoit vers la fin du douzième siècle, dit que l'usage des feuilles de papier d'Egypte avoit cessé quelque temps avant qu'il écrivît.

Quant à l'origine du papier dont nous nous servons aujourd'hui, on n'en a pas une idée bien précise. Thomas Demster, dans ses gloses sur les institutes de Justinien, dit qu'il a été inventé avant l'âge d'Accurse, qui vivoit au commencement du treizième siècle. Mais on ne peut pas accorder beaucoup de confiance à son assertion, car il paroît confondre le papier de coton avec le papier-chiffon. En rapprochant ce que disent quelques Auteurs, on voit que ces deux papiers ont été long-temps en rivalité. Ce que nous connoissons de plus ancien et de plus positif sur le papier-chiffon se trouve dans un passage de Pierre Maurice, dit le Vénérable, contemporain de Saint Bernard. « Les livres que nous lisons tous les jours, dit-il, dans son *Traité contre les Juifs*, sont faits de peau de belier, ou de bouc, ou de veau, ou de plantes orientales, *c'est-à-dire* du Papyrus d'Egypte, *ou enfin* de chiffon ; *ex rasuris veterum pannorum*. Ces dernières expressions annoncent bien clairement le papier tel que nous l'employons aujourd'hui. Cependant il faut observer, malgré la citation que nous venons de faire de Pierre-le-Vénérable, que l'on ne connoît en France aucun emploi public de ce papier, qui ne soit postérieur au règne de Saint Louis.

Cette digression est un peu longue : nous l'avons pourtant considérablement abrégée ; car nous sommes infiniment éloignés d'avoir rapporté tout ce que nous avions à dire. Au reste, nous avons dit ce qu'il importoit le plus de faire connoître à ceux qui aiment à s'instruire de l'Histoire des moyens que les hommes ont inventés pour perpétuer les preuves de leur industrie. Nous espérons donc qu'on ne trouvera point que nos recherches soient déplacées. Reprenons le dessin que nous avons quitté.

La figure qui tient le rouleau de peau ou de Papyrus, est dans l'action de chanter un de ces cantiques qui attendrissoient tellement Esther, qu'ils la forçoient de mêler ses larmes aux chants des jeunes Israélites dont elle étoit entourée. Les deux figures qui sont à ses côtés l'accompagnent, l'une avec le trigone, l'autre avec la lyre. Le trigone étoit un instrument familier aux Egyptiens et aux Perses, puisqu'on croit en appercevoir un sur les monumens de Perfépolis. Dans une des autorités destinées à faire connoître la forme de l'habit de dessus, (voyez les planches attachées en regard de la page 82), on a rapporté une figure de jeune Homme jouant de cet instrument. C'est celui qu'on a souvent appellé *Harpe* (*Cithara*), nom qui a long-temps induit en erreur la plupart des Peintres, qui, en représentant le Roi David, n'ont pas balancé à placer sous ses doigts une harpe semblable à celles que l'on faifoit de leur temps, et telles qu'on les fait encore de nos jours. Si ces mêmes Peintres eussent été un peu versés dans la connoissance des usages antiques, ils ne seroient pas tombés dans une si singulière erreur. Le Dominicain, ce célèbre Elève d'Annibal Carache, cet élève qui surpassa tous les maîtres de son temps, a fait cette faute deux fois : la première dans un tableau où la figure de David est posée; la seconde dans un autre où ce même Prince est représenté dansant devant l'Arche d'Alliance.

L'instrument triangulaire, Τρίγωνον, venoit originairement des Syriens, selon Juba, cité par Athénée. C'était de ces Orientaux que les Grecs l'avoient emprunté : Sophocle en parloit dans ses *Mysiens*, au rapport du même Athénée, comme d'un instrument phrygien. Platon et Aristote en font mention dans plusieurs endroits, ce qui suffit pour détruire la conjecture de quelques Savans qui ont regardé le livre des *Problêmes* comme faussement attribué à ce dernier et fort postérieur à ce Philosophe, par cette seule raison qu'il y est parlé du trigone, instrument asiatique, qui, selon lui, étoit alors inconnu à la Grèce. Cet instrument est un véritable triangle, dont un des angles forme le pied ou la base, et dont le côté opposé à cet angle sert de chevillier, pendant que l'un des autres côtés offre les lignes mesurées sur chacune desquelles les cordes sont tendues et attachées.

La figure qui tient le trigone, dans le dessin composé pour cet article, est une figure antique. Elle est remarquable en ce que la ceinture qui, dans la figure qui tient la lyre, passe par-dessus la tunique et la presse sur le corps par plusieurs tours, est, à celle-ci, passée par-dessous le *Peplum* ou *Ricinium*, en manière d'écharpe, et revient tomber avec grace du côté droit. Sur la Diane antique, cette ceinture est ajustée comme celle de la figure qui tient la lyre. Par-dessous le *Ricinium*, notre figure porte une tunique de toile de lin très-fine, à la manière des tuniques grecques. Celle qui tient la lyre en a deux. L'une de lin, et par-dessus une autre teinte en jaune; couleur que les Latins appelloient *Croceus*, d'un mot grec qui signifie couleur de saffran. Quant à celle des jeunes Filles qui est assise, elle porte trois tuniques, ou pour mieux dire, l'*Interula :* la tunique supérieure est un très - grand *Ricinium*, pardessus lequel est une ceinture large et attachée avec une pierre précieuse en manière de bouton, telle qu'on la voit sur plusieurs figures antiques, entre autres, sur celles de Calliope et d'Uranie des jardins de Marly-le-Roi; figures très-belles, antiques, originales, et qu'on a eu la lâcheté insolente de mutiler, pendant la nuit, il y a huit ou dix ans. Les deux figures dont nous venons de parler sont tirées de ces jardins de Marly-le-Roi, ainsi que celle qui sera l'objet de l'article qui commencera notre second Volume.

Fin du premier Volume.

TABLE

Des Matières contenues dans ce Volume.

A.

ACCESSOIRES. Combien il est nécessaire de ne les point négliger au Théâtre, pour ajouter à l'illusion et à la vérité de la Représentation ; *pages* 6 et 7.

ACERVI MERCURIALES. Ce que c'étoit ; *page* 46.

AMAN. Personnage de la Tragédie d'Esther ; *page* 104. — Son Caractère ; *page* 105. — *Son Costume et ce qui le motive ;* page 106. — Moyens de donner de l'expression à ce Costume, après la disgrace d'Aman ; *pages* 107 et 108. — D'où ces moyens sont tirés ; *page* 108.

AMBASSADEURS. Combien les Anciens étoient difficiles sur leur choix ; *page* 25. — Leur Costume ; *ibid* et 26. — Si Racine a eu raison de faire un Ambassadeur d'Oreste, malgré son jeune âge ; *page* 25. — Si Oreste doit conserver le Costume d'Ambassadeur, dans tout le cours de la Tragédie d'Andromaque ; *pages* 26 et 27.

AMPHION. (Voyez *Antiope*.)

ANAXYRIDES. Vêtement particulier aux Phrygiens et à d'autres Peuples ; *page* 50.

ANCRE. (Le Maréchal d') Rapport de sa chûte avec celle d'Aman ; *page* 129.

ANDROMAQUE. Rapprochement rapide de la Tragédie de Racine et de celle d'Euripide qui portent ce nom ; *pages* 7 et 8. — Costume propre à Andromaque, dans la Tragédie de Racine

(142)

pages 15 à 19. — Explication du Caractère d'Andromaque ;
pages 19, 20, 22 et 23. — Anecdotes sur la Tragédie d'Andromaque ; *pages* 23 et 24.

ANTIOPE, Femme de Lycus, Roi de Thèbes. Son Histoire ;
page 18. — Description du bas-relief qui la représente deman-
dant à ses fils, Zéthus et Amphion, vengeance de Dircé,
qui l'a fait répudier par Lycus ; *ibid.*

ARCHITECTURE. Des Persans ; *pages* 78, 80 et 81. — Des
Anciens. ; (d'après M. de Caylus) *page* 79.

ASSUÉRUS, Roi de Perse. Costume de ce Prince dans la Tragédie d'Esther ; *page* 62 à 71. — Est le même Personnage
que Darius, fils d'Hystaspe ; *pages* 68, 69, 75 et 76. —
Caractère de ce Prince, dans la Tragédie d'Esther ; *page* 104.

ATOSSA, Femme d'Assuérus. (Voyez *Vasthy.*)

AUFFRAY, (*François*) Auteur de la belle Esther ; *page* 130.

AZAPH, Officier d'Assuérus, dans la Tragédie d'Esther ; *page*
115. — Son Costume, *ibid*, 116 et 117.

B.

BABYLONE. Ce que cette Ville a été ; *page* 65.

BABYLONIENS. Recherches sur leur Costume ; *page* 65.

BACTRIANE. (La) Coup-d'œil Historique et Géographique sur
la Bactriane ; *page* 125.

BALTUS, plis que formoit le Pallium, agencé d'une certaine
manière ; *page* 43.

BOUGAINVILLE. (feu M. de) (Voyez *Elymaïde.*)

BRUYN. (*Corneille de*) ou *le Brun.* Ce qu'il pense des Monumens
tirés des ruines de Persépolis ; *page* 63.

BUTHROTE. Ville Maritime de l'Epire ; *page* 59.

C.

CALASIRIS. Cette tunique étoit celle que les Romains appelloient *Stola* ; *page* 10.

CATAPHRACTUS. Nom d'un Soldat armé de toutes pièces ; *page* 126.

CAYLUS. (M. de) Réflexions sur l'opinion de cet Antiquaire , relativement aux Monumens Antiques ; *pages* 5 et 6 des *Observations Préliminaires*. — Ses vues sur l'Architecture des Egyptiens ; *page* 79.

CEINTURES. Se plaçoient sur les tuniques. Se portoient quelquefois doubles. Opinion de Winkelman sur ces Ceintures ; *pages* 4 et 5. — Ont servi aux Anciens, à l'usage dont elles sont encore aujourd'hui chez les Orientaux ; *page* 10.

CÉPHISE. Confidente d'Andromaque. Son Costume ; *pages* 45 et 46.

CHAONIE. D'où elle prend son nom ; *page* 60.

CHARTA BOMBYCINA , ou Papier de Coton. Opinion probable fur l'époque de fon origine ; *page* 137.

CHLAMYDE. (la) Ce que c'étoit que ce vêtement ; *pages* 27 , 116 et 117. — Son développement ; *ibid.* et 118.

CLÉONE. Confidente d'Hermione , dans la Tragédie d'Andromaque. Son Costume ; *pages* 33 à 38.

COLOBIUM. (Voyez *Interula.*)

CONFIDENS. Dissertation sur les rôles de Confidens ; *pages* 38 à 41.

CORFOU. Ile de la mer Ionienne ; *page* 35.

CORNO. Bonnet Phrygien ; *pages* 50 et 51.

COSTUMES. Leur observance est nécessaire aux Peintres d'Histoire , aux Tragédiens, et pourquoi ; *pages* 2 et 3 des *Observations Préliminaires*. — Détails sur la simplicité qui leur convient souvent ; *pages* 11 , 12 et 13. — Manière de leur donner de la vérité au Théâtre, et de les rapprocher des draperies antiques ; *page* 34. — Comment et dans quelles circonstances on peut enrichir le Costume ; *page* 44. — Rapport entre le Costume des Femmes Grecques et celui des Femmes Juives ; *page* 85.

(144)

CRÉPIDÆ. Chaussure Antique ; *page* 54.

CYCLAS. (Voyez *Téristron.*)

CYDARIS. Bonnet Persan ; *page* 77.

CYRUS. Coup-d'œil rapide sur l'Histoire de ce Prince, et sur les vêtemens qu'il adopta après ses conquêtes ; *pages* 66 à 68.

D.

DACES. (les) ou *Dakes.* Ce qu'il faut entendre par ce nom. *pages* 90 et 91.

DARIQUE. Monnoie d'or ou d'argent, frappée sous un Darius, Roi de Perse ; *page* 124.

DARIUS, fils d'Hystaspe. Est le même qu'Assuérus. (Voyez *Assuérus.*)

DAVID. (le Roi) Ce que c'eſt que l'inſtrument avec lequel il doit être repréſenté ; *page* 139.

DIADÊME des Rois de Perse. Comment il étoit composé ; *page* 83.

DIRCÉ. (Voyez *Antiope.*)

E.

EGYPTIENS. (les) Ont été en architecture et en sculpture les modèles des Persans ; *pages* 79 et suivantes.

ELISE. Confidente d'Esther, dans la Tragédie de Racine ; *page* 109. — Son Costume, *ibid.*

ELYMAÏDE. (Histoire de l') ; *page* 72 à 75.

EPIRE. (Apperçu Géographique et Historique sur le Royaume d') ; *page* 58 à 61.

ESCHYLE. Célèbre Tragique Grec. Cité comme autorité, sur les vêtemens de deuil ; *page* 48 et 49.

ESTHER. Tragédie de Racine. Coup-d'œil Historique sur les causes qui l'ont fait composer ; sur ses Représentations à la Cour et dans la capitale, ainsi que sur les divers jugemens qu'on en a portés ; *pages* 61 et 62. — Costume d'Esther ; *page* 82

à

à 85. — Examen critique de l'Histoire d'Esther ; *page* 94
à 99. — Son Caractère; *pages* 104 et 105. — Effet dont la
Tragédie d'Esther est susceptible ; *pages* 128 et suivantes.
EXOMIDE. Ce que c'étoit que cette tunique. Sa description ;
page 36. — N'est autre chose que le cilice des Juifs ; *page* 100.
EXPRESSION TRAGIQUE. Réflexions sur l'Expression tragique,
sur son effet et sur ses causes ; *pages* 20 , 21 et 22.

F.

FERRARIUS. Cité comme autorité , sur la forme du Pallium ;
page 29. — Sur le Costume d'Assuérus ; *page* 64.

G.

GARDE DU ROI Assuérus ; *page* 123. — Costume qui convient
à ce personnage ; *page* 123 à 128. — Son casque est recourbé
comme le *Corno* Egyptien ; *page* 127.
GÈRES. Boucliers des Persans ; *pages* 123 et 124.

H.

HABIT DE DESSUS. Ce que c'étoit ; *page* 86. Commun à plusieurs Peuples de l'antiquité ; *ibid.* et suivantes.
HÉLIOGABALE. Coup-d'œil sur l'histoire de ce Prince ; *page* 87
à 89. Médaille qui porte son nom ; *pages* 89 et 90.
HERMÈS. Le même personnage que Mercure ; *page* 16.
HERMIONE. Costume propre à cette Princesse, dans Andromaque , Tragédie de Racine ; *page* 1 à 9. Coup-d'œil sur
ce personnage, sur le caractère que lui a donné Racine, et sur
la manière de l'exprimer au Théâtre ; *pages* 7 , 8 et 9.
HYDASPE. Confident d'Aman, dans la Trag. d'Esther ; *pages* 76
et 77.

I.

INTERULA. Tunique de dessus ; *page* 57.

T

(146)

INTUSIUM. (Voyez *Interula*).

ISAÏE. (le Prophète) Cité comme autorité pour le Costume des
Juifs ; *pages* 110 et 111.

JÉRÉMIE. (le Prophète) Cité pour la même cause ; *page* 113.

L.

LE KAIN, célèbre Acteur tragique. Comment il jouoit le rôle
d'Oreste, dans la Tragédie d'Andromaque ; *page* 32.

LYCUS. (Voyez *Antiope*).

M.

MANES des *Morts*. Manière dont les Anciens les consultoient ;
pages 45 et 46.

MARDOCHÉE. Oncle ou Tuteur d'Esther, femme d'Assuérus.
Son Costume au second Acte de la Tragédie d'Esther ;
page 100. Au cinquième Acte de la même Tragédie ; *page* 107.
L'utilité de ce personnage, et son effet dans cet Ouvrage ;
pages 105 et 107.

MATHIEU. (Historiographe de France.) Auteur de trois Tragédies dont l'Histoire d'Esther a fourni le sujet ; *pages* 130
et 131.

MOLOSSIE. D'où elle prend son nom ; *pages* 60 et 61.

MONT-CHRÉTIEN. (*Antoine* de) Auteur d'une Tragédie d'Esther ;
page 129.

MONTS ACROCÉRAUNIENS. *pages* 59 et 60.

MONUMENT singulier & remarquable, conservé à la Bibliothèque
de Saint-Germain-des-Prés, *pages* 136 & 137.

MONUMENS DE PERSÉPOLIS. (Voyez *Persépolis*).

N.

NÉHÉMIE. Echanson de Xerxès. Comment il rebâtit le Temple
de Jérusalem ; *pages* 81 et 82.

NISUM (ou *Nésen*). Ce que c'étoit que cet ornement ; *page* 111.

O.

ORESTE. (fils d'Agamemnon). Costume qui convient à ce
Prince dans la Tragédie d'Andromaque , et pourquoi ; *page* 25
à 30. Développement du caractère de ce Personnage ; *page* 32.

P.

PALLIUM. Description de ce Vêtement distinctif des Grecs :
détails sur ses différentes coupes et sur leur rapprochement ;
page 27 à 31. Réflexions sur le *Pallium* de Zeuxis ; *pages* 31
et 32. Pallium *de pourpre* ; *page* 84.

PALUDAMENTUM. Manteau militaire ; *page* 56.

PAPIER. Probabilités sur l'époque de l'origine de celui dont nous
nous servons aujourd'hui ; *page* 138.

PAPYRUS. Plante dont les membranes ont formé les premières.
feuilles à écrire connues. — Détail sur cette plante et sur ses
membranes. — Histoire des papiers qui ont succédé à celui
formé avec le Papyrus ; *page* 132 et suivantes.

PEPLUM. Ce que c'étoit que ce vêtement , et comme il s'at·
tachoit ; *page* 17.

PERSANS. (les) Ont été les imitateurs des Egyptiens. (Voyez
Egyptiens).

PERSÉPOLIS. Monumens tirés de ses ruines ; *pages* 62 et 63.

PHÆCASION. Chaussure antique ; *page* 54.

PHÉNIX , gouverneur de Pyrrhus. Sa naissance et ses malheurs ;
page 41. — Son caractère ; *page* 42. — Son Costume ; *pages* 43
et 44.

PHRAATE. Roi des Parthes ; *page* 119. — Chassé de ses Etats,
et rétabli ; *pages* 119 et 120.

PIERIUS. Montagne de l'Epire ; *page* 59.

PILEI. Bonnets militaires des Persans ; *page* 123.

T 2

PYLADE , fils de Strophius et ami d'Oreste ; *page* 51. — Son Costume ; *ibid.* et 52. — Réflexions sur le retroussis de sa tunique, et sur la manière dont elle joue sur ses épaules ; *pages* 52 et 53. — Porte la chevelure longue et pourquoi ; *pages* 53 et 54. — Apperçu du caractère de ce personnage ; *page* 55.

PYRRHUS. (fils d'Achille) Costume propre à ce Prince, dans la Tragédie d'Andromaque ; *pages* 10 et 11. — Critique du Costume qu'on lui a donné dans cette Pièce, jusqu'à ce jour ; *page* 9. — Observations sur ce personnage et sur sa physionomie dramatique ; *pages* 13 et 14.

R.

RAPHAEL. Pourquoi ce grand Peintre n'est pas toujours un modèle à suivre pour les costumes ; *page* 1 et 2 des *Observations Préliminaires.*

REDIMICULUM. Nom que les Romains donnoient à une Ceinture ; *page* 113.

RICINIUM. Ce que c'étoit que ce vêtement. — Sa description ; *pages* 5 et 6. — Différences dans sa coupe ; *page* 49.

RIVAUDEAU. (*André* de) Auteur d'une Tragédie d'Esther ; *page* 129.

RUBÉNIUS. Cité comme autorité sur la Chaussure antique ; *page* 54.

RUINES DE PERSÉPOLIS. (Voyez *Persépolis*).

S.

SAINT-HUBERTI. (Mademoiselle) Célèbre Actrice de l'Académie Royale de Musique. — Preuves de son goût pour l'exactitude du Costume ; *pages* 35 et 36.

SARDANAPALE. La Statue de ce Prince a servi de modèle pour le Costume d'Assuérus ; *pages* 63 et 64. — Caractère de ce Prince ; *page* 64.

(149)

SÉMIRAMIS. Veuve de Ninus; *page* 64. — Comment elle s'èm-
para du Trône de son mari ; *ibid.* et 65. — Ce que c'étoit
que son Costume ; *ibid.*

SINDONES. Ce que c'étoit que ces Tuniques; *page* 114.

SINUS. (Voyez *Baltus*).

SOPHOCLE. Cité comme autorité pour le Costume qui convient
à Andromaque; *pages* 15 et 16.

STOLA. Etoit la Tunique que les Grecs appelloient *Calasiris* ;
pages 10 et 46.

STROPHIUM. Ceinture que les Femmes mettoient sous leurs
vêtemens pour soutenir la gorge; *page* 87. (Voyez *Zona*).

SUBUCULA. (Voyez *Interula*).

SUITE D'ORESTE. (Costumes propres aux Personnages qui
doivent composer la) dans la Tragédie d'Andromaque ;
page 55 à 58.

T.

TÉRISTRON. Ce que c'étoit ; *page* 17. — Etoit noir dans les
temps de deuil ; *ibid.* — Est le voile dont parle Agamemnon,
dans Hécube, Tragédie d'Euripide ; *pages* 49 et 50.

THAMAR. Israélite de la suite d'*Esther*; *page* 120. — Son Costume ;
page 121.

TRIGONE. (Τρίγωνον) Inftrument antique. A quels Peuples il étoit
familier; *page* 139. Sa forme ; *page* 140.

TUNIQUE. Tuniques lacédémoniennes. — D'où est tirée celle que
porte Hermione; *pages* 2 et 3. — Description de cette Tunique; *pages* 3 et 4. — Manière d'attacher la Tunique. *page* 33.

U.

UMBO. (Voyez *Baltus*).

V.

VASTHY, fille de Cyrus , sœur et femme de Cambyse, puis femme d'Assuérus ou Darius, est la même qu'*Atossa*; *page* 94. — Comment elle est répudiée par Assuérus; *page* 95.

VELAMEN. (Voyez *Teristron*).

VÊTEMENS. Réflexions rapides sur les Vêtemens des premiers Hommes; *pages* 1 et 2.

W.

WINCKELMANN , célèbre et savant Antiquaire. — Ce qu'il pense d'une ceinture attribuée à Vénus; *page* 4. — Du *Ricinium*; *page* 5. D'un bas-relief où est représenté Créon , Roi de Corinthe ; *page* 10. Des vêtemens du deuil des Anciens; *page* 17. — D'une ceinture qui se mettoit sous les vêtemens; *page* 37. — Erreur de cet Ecrivain , relativement à l'habit de dessus des Anciens; *pages* 92 et 93.

Z.

ZARÈS , femme d'Aman ; personnage de la Tragédie d'*Esther*. Son costume; *pages* 102 et 103.

ZÉTHUS. (Voyez *Antiope*).

ZEUXIS , célèbre Peintre Grec. — Portoit son nom écrit en lettres d'or sur son *Pallium* ; *page* 30. — Réflexions sur ce *Pallium* et sur le caractère orgueilleux de Zeuxis ; *page* 31.

ZONA. Ceinture que l'on confond avec le *Strophium* , et qui n'étoit quelquefois que la ceinture ordinaire ; *page* 37.

Fin de la Table du premier Volume.